NEIL STOKES

T-34 ON THE BATTLEFIELD 2
★ WORLD WAR TWO PHOTOBOOK SERIES ★

volume

© PeKo Publishing Kft.

Kiadja / Published by
PeKo Publishing Kft.
8360 Keszthely, Bessenyei György utca 37.
Email: info@pekobooks.com
www.pekobooks.com

Felelős kiadó / Responsible publisher
Péter Kocsis

Írta / Author
Neil Stokes

A magyar szöveget szakmailag lektorálta / Hungarian text's proofreading:
Norbert Számvéber

Printed in Hungary

Fotók / Photos
Péter Kocsis, Thomas Anderson, Süddeutsche Zeitung, Magyar Nemzeti Múzeum,
BPK, AMC, HM HIM, RGAKFD

Kiadás éve / First published
2018

ISBN 978-615-5583-11-7
ISSN 2063-9503

KÖSZÖNETNYILVÁNÍTÁS

Mint mindig, e könyv sem egyedül az én erőfeszítéseim eredménye, hanem számos ember együttes munkája. Több személynek is hálával tartozom. Külön köszönetemet szeretnem kifejezni az „Archive of Modern Conflict" csapatának a gyűjteményükből rendelkezésünkre bocsátott fényképekért. Természetesen köszönet illeti Kocsis Pétert is, aki a képanyag zömét beszerezte, biztosította és lehetővé tette a könyv megjelenését.

Neil Stokes

ACKNOWLEDGEMENTS

As always, the research for this book was not only the result of my own efforts but also the collaboration of numerous people. My thanks to the team at the Archive of Modern Conflict for permission to use photographs from their collection, and of course to Peter Kocsis who contributed the majority of the photographs and made this book possible.

Neil Stokes

BEVEZETŐ

A T-34 egyike a második világháború legismertebb harckocsijainak, amelyet nagyobb számban gyártottak, mint a korszak bármely más páncélozott harcjárművét. A harckocsi a Szovjetunió és a náci Németország között vívott háború összes hadszínterén harcolt és a Vörös Hadsereg páncélozott erőinek alapjárműve lett.

A T-34-et Mihail Iljics Koskin irányítása alatt tervek sorából fejlesztették ki a Harkovi Mozdony Gyárban (HPZ - Harkovszkij Parovozosztrojtyelnij Zavod), kezdve az 1939-es A-20 és A-32 típusoktól az 1940 elején tervezett A-34 típusig. A terveket a BT gyorsharckocsi-sorozattal szerzett tapasztalatok alapján készítették el. A tervezők ugyanazt a Christie-futóművet használták fel, mint a BT sorozat esetében, de az A-20 típust követő változatoknál már elhagyták a bonyolult, kétfunkciós „gumikerék-lánctalp" futóműszerkezetet.

A járműveket 12 hengeres, 500 lóerős V-2 dízelmotor hajtotta meg, amely a hátulra épített erőátviteli egységen és meghajtókeréken keresztül mozgatta a harckocsit. Az A-20 oldalanként még négy-négy nagyméretű futógörgővel rendelkezett, az A-32 és A-34 esetében azonban már öt-öt görgőt alkalmaztak. A jármű több változtatást követően – beleértve a szélesebb lánctalpak alkalmazását – egy gyors, rendkívül mozgékony harceszközzé vált.

Bizonyos csoportok a magas költségek miatt ellenezték a T-34 gyártását és rendszeresítését, illetve a rivális tervezőirodák – például a KV harckocsik készítői – politikai nyomást is gyakoroltak az ügyben. Ugyanakkor a már létező és rendszerben álló harckocsik által az 1939-1940-es Téli Háborúban mutatott elégtelen teljesítmény és a német páncélosok franciaországi hatékonysága keltette aggodalmak arra késztették a felelős szovjet hatóságokat, hogy előrébb lendítsék a tervezetet. Az első sorozatban gyártott T-34-et a harkovi 183. számú gyárból szállították le 1940 szeptemberében.

1940 végén a Sztálingrádi Traktorgyárban (SzTZ – Sztalingradszkij Traktornij Zavod) is megkezdték a gyártást. A gyár még azt követően is készített T-34-eket, hogy a németek lerohanták Sztálingrádot. Az üzem tüzérségi és légitámadások csapása alatt egészen 1942. október 5-ig termelt, ekkor azonban a támadók elfoglalták magát a gyárüzemet is. Számos történet szól a gyártósorról azonnal a harctérre vonuló harckocsikról. Az SzTZ összesen 3770 darab járművet szállított le.

A gorkiji 112. számú „Krasznoje Szormovo" gyár 1941 júliusában kezdte meg a T-34 gyártását, és a háború végéig 12 604 darab harckocsit készített el. A 112. számú gyár kezdetben felsőbb utasításra az M-17T benzinmotort építette be T-34 harckocsijaiba, mivel a V-2 dízelmotor gyártása késedelmet szenvedett az érintett gyár – nevezetesen

a Harkovi 75. számú Dízelgyár – Cseljabinszkbe történő áttelepítése miatt. A 112. számú gyár 137 darab benzinüzemű T-34-et gyártott le, mielőtt átállt a dízelmotorok alkalmazására.

A HPZ üzeme 1941. szeptember 19-én – az egy héttel korábban kiadott utasítás értelmében – megkezdte az áttelepülést Harkovból Nyizsnij Tagilba. A gyár átköltöztetése októberben fejeződött be, miután 755 darab T-34-et leszállítottak. A gyár ezt követően összeolvadt a Dzserzsinszkij Tehergépkocsi Gyárral, így létrejött az UTZ-ként is ismert 183. számú Sztálin Urali Harckocsigyár. Az áthelyezett gyár 1941 vége előtt legyártotta az első 25 darab T-34 harckocsit, s a későbbiekben mindösszesen 28 952 darab járművet szerelt össze, amelynek közel a fele T-34 volt.

Szintén 1941 szeptemberében kezdődött a leningrádi LKZ gyár áttelepítése is Cseljabinszkbe. Az új, Cseljabinszk Kirov Gyár (CsKZ) néven ismert üzem kezdetben a KV harckocsik gyártására összpontosított, de 1942 júniusában utasítást kapott, hogy három gyártósorát szerszámozza át a T-34 készítésére. Az üzem egészen 1944-ig gyártotta a T-34-t, ekkor azonban teljes egészében visszaállt a – már ISz-2 – nehézharckocsik gyártására. A CsKZ az adott időszakban 5094 darab T-34-et szállított le. A leningrádi 174. számú Vorosilovec Gyár eszközeit először Cskalovba szállították, majd szétosztották az UTZ és az Omszkba áthelyezett 174. számú gyár üzemei között. A 174. számú gyár 1942 augusztusában szállította le az első 55 darab T-34-et, amelyből végül összesen 5867 darabot gyártott.

A szverdlovszki Ural Nehéz Szerszámgép Gyár (UTZM – Uralszkij Zavod Tjazselovo Masinosztrojennyija) több más létesítménytől szívta el a termelőkapacitást, és 1942 áprilisában kezdte meg a T-34-ek páncélteknőjének, illetve tornyának a gyártását. Ezeket a 183. számú gyárnak szállította le, ahol végül összeállították a kész harckocsikat. Az UZTM a július 28-án kapott utasítás szerint már teljes, készre gyártott T-34-eket állított elő, az első 30 kész példányt augusztusban szállították le. A gyár azonban 1943 júniusában 719 darab jármű leszállítását követően befejezte a harckocsi termelését és átállt az SzU-85 és SzU-100 önjáró lövegek gyártására.

Így tehát a különböző időszakokban összesen hat üzem foglalkozott a T-34 gyártásával, s ezek a harcjármű különböző változataiból mindösszesen 58 863 darabot szállítottak le 1945-ig.

Az első T-34-eket a Leningrád Kirov Gyárban (LKZ) készített 76,2 mm-es L-11 löveggel szerelték fel, amelyhez 76 darab lőszert lehetett bemálházni. A fegyvert Harkovban építették be a harckocsikba. A löveget könnyen felismerhetővé teszi rövid csőhossza és hagymaszerű lövegpajzsa. Az L-11-ből azonban csupán mintegy 400 darabot gyártottak le, mielőtt 1941 márciusában átálltak a jóval hatékonyabb 76,2 mm-es F-34 lövegek gyártására, amelyhez már 77 darab lőszert lehetett bemálházni. Az új fegyvernek nagyobb volt a hatásos lőtávolsága, pontosabb volt és jobb volt a páncélátütő képessége is. Az F-34 harckocsiágyú BR-350 páncéltörő lőszerrel 500 méterről 69 mm vastagságú páncélt volt képes átütni, míg az L-11 ugyanezen a távolságon csak a 62 mm-t. A főfegyverzetet egy, a löveggel párhuzamosan a toronyba épített, illetve egy, a páncéltest homlokpáncéljába épített gömbpajzsba illesztett 7,62 mm-es DT géppuskával egészítették ki. A páncéltesten belül tárolva még egy géppuskát kívántak rendszeresíteni a harckocsihoz, de ezt végül általában nem valósították meg. A géppuskákhoz összesen 4851 darab lőszert javadalmaztak, 77 darab 63 lőszerrel megtöltött dobtárban. A századparancsnoki, vagy annál magasabb beosztású járművekben a lőszermennyiséget 2898 darabra csökkentették (46 darab tárban elhelyezve), mivel az ezekbe épített rádiók lecsökkentették a rendelkezésre álló tárolókapacitást. 1941 júliusa és szeptembere között a T-34-ek egy kisebb sorozatát 57 mm-es ZiSz-4 ágyúval szerelték fel. Ez a löveg a ZiSz-2 vontatott ágyú rövidebb csővel szerelt változata volt, amely 500 méteres távolságból 98 mm-es páncéllemez átütésére volt képes. A ZiSz-4-ből összesen 212 darabot gyártottak és szállítottak le a 183. számú gyárba, illetve az STZ-hez, a különböző forrásokban azonban eltérő adatok találhatóak azzal kapcsolatban, hogy pontosan hány ilyen fegyverzettel ellátott harckocsit szállítottak le. A hivatalosan „ZiSz-4-sel felszerelt T-34" változat gyártását azonban leállították, mivel a gyártókapacitást lekötötte a nyáron elszenvedett veszteségek pótlása. Ugyanakkor legalább tíz ilyen harckocsi 1941 decemberében bevetésre került a 24. harckocsiezred állományában, Moszkva védelmében. A ZiSz-4 ágyúval 1943-ban további kísérleteket is folytattak, ám ezeket a T-34/85 megjelenésével hamarosan leállították.

A kezdetben gyártott T-34-ek páncéltestének homlokpáncélzata maximálisan 45 mm-es vastagsággal rendelkezett, amely alul már csak 15 mm-es volt. Két jellemző toronyváltozat létezett: 45 mm-es hegesztett, illetve 52 mm-es öntött változat. A jelentős mértékben megdöntött páncélzat nagy mértékben növelte a jármű védelmét, amelyet néhány gyárban további, a toronyra, illetve a páncéltestre hegesztett kiegészítő páncéllemezekkel növeltek. A későbbiekben magát az alappáncélzat vastagságát is megnövelték.

Az elsőként gyártott T-34-ek súlya 26 tonna volt, és 455 liter dízel üzemanyagot szállítottak magukkal. A harcjármű maximális sebessége szilárd burkolatú úton 55 km/óra volt, hatótávolsága – szintén szilárd burkolatú úton – 300 km. Terepen nyilvánvalóan mind a sebesség, mind a hatótávolság lecsökkent. A páncéltest oldalára

négyszögletes, kiegészítő üzemanyagtartályokat lehetett szíjakkal felerősíteni. Ezeket a későbbiekben nagyobb méretű, a páncéltest hátuljára szerelt tartályokra, majd még később nagyobb, a páncéltest hátsó részének oldalára szerelt hengeres tartályokra cserélték, s ezzel 465 km-re növelték a harckocsi hatótávolságát. Megjegyzendő, hogy a hengeres tartályok közül legalább az egyiket mindig motorolaj tárolására alkalmazták, s csak a többit töltötték fel üzemanyaggal.

A T-34 a „Barbarossa" hadművelet során, 1941 nyarán jelentős kihívást jelentett a német csapatok számára. Kiváló terepjáró képességgel rendelkezett, s ezáltal olyan területeken is tevékenykedhetett, amelyek a német páncélosok számára járhatatlannak bizonyultak. Erőteljes lövege bármilyen általános lőtávolságból sikerrel győzte le a korszak német páncélosait. Alacsony felépítése megnehezítette a felderítését és észlelhetőségét, döntött páncélzata pedig nehezen leküzdhető célpontot jelentett az akkor általánosnak tekinthető német 3,7 cm-es harckocsiágyúk számára. Ugyanakkor a kezelőszemélyzetek hiányos képzettsége, a nem kielégítő karbantartás, a nem megfelelő harcászati alkalmazás és az olyan technikai hiányosságok, mint a gyenge optikai felszereltség és korlátozott kilátási lehetőségek, igen lecsökkentették a T-34 hatékonyságát.

A T-34 egyik gyengesége a kétfős személyzetű torony volt. A harckocsiparancsnok egyúttal töltőkezelőként is tevékenykedett, s mivel a lőszerkészlet túlnyomó része egy gumilemez alatt, a padlózatban kialakított rekeszekben volt elhelyezve, igencsak nehéz feladata volt. A parancsnok vizuális megfigyelő eszközei ugyancsak hagytak kívánnivalót maguk után, különösen azután, hogy az első sorozatpéldányokba épített panoráma-kitekintő alkalmazását megszüntették. Ezáltal a parancsnokot nem csak az akadályozta, hogy töltőként is tevékenykednie kellett, hanem az is, hogy képtelen volt felmérni a körülötte kialakult harcászati helyzetet.

Néhány gyár – mint például a 183. számú – már 1941 decemberében megkezdte egy nagyobb, két búvónyílással rendelkező torony gyártását. Az új tornyot több változatban készítették és egy, a parancsnok kilátását javító kupola felszerelésével tovább is fejlesztették. Ráadásul a nagyobb méret miatt lehetőség nyílt arra, hogy a toronyba több lőszert málházzanak be, így a teljes készletet körülbelül 100 darabra tudták növelni, és így lecsökkentették a padlólemez alatt tárolt lőszert is. Ezzel együtt azonban a nagyobb torony nagyobb súlyt is jelentett, lecsökkent a torony oldalpáncélzatának döntöttsége és megnőtt a teljes jármű magassága.

A szovjet páncélos erők részéről az új fejlesztésű német páncélosok (a Tiger I és a Panther) megjelenése miatt felmerült az igény egy nagyobb űrméretű löveg alkalmazása iránt. A T-34 főfegyverzetét ezért lecserélték egy 85 mm-es ágyúra, amit egy nagyobb, három fő befogadására képes, 76 mm-es páncélvastagságú toronyba helyeztek. A toronygyűrűt a korábbi 1425 mm-ről 1600 mm-re növelték. Az új harcjármű megnevezése T-34/85 lett.

Először a 85 mm-es 1939 M. légvédelmi ágyúból kifejlesztett D-5T löveget választották ki az új változathoz, így 1944 januárja és áprilisa között a 112. számú gyár 255 darab ilyen löveggel felszerelt T-34/85-öt gyártott le. 1944 februárjától azonban megkezdődött a ZiSz-Sz-53 löveg leszállítása, amely fokozatosan átvette a D-5T helyét. A 183. számú gyár március közepétől, a 174. számú gyár pedig júniustól kezdte meg a ZiSz-Sz-53 löveggel szerelt harckocsik leszállítását. A három gyár összesen 16 411 darab T-34/85-öt adott át a háború végéig. A ZiSz-Sz-53 olcsóbb és jóval összetettebb, kompaktabb volt, mint a D-5T, így a toronyban is nagyobb terület maradt szabadon. A BR-365 páncéltörő lőszer használatával mind a D-5T, mind a ZiSz-Sz-53 111 mm-es páncélzat átütésére volt képes 500 méteres távolságból. A D-5T-vel felszerelt T-34/85 55 darab, a ZiSz-Sz-53 löveggel szerelt változat 56 darab lőszer tárolására volt képes.

A 85 mm-es löveggel szerelt toronynak számos változata létezett. Amikor a 112. számú gyár 1944 januárjában megkezdte a T-34/85 gyártását, a rádiókészüléket még a páncéltestben helyezték el, a parancsnoki kupolát pedig a torony oldalán lévő ívtől valamivel előrébb rögzítették. Márciustól azonban a rádiót már a toronyba szerelték be, hogy azt a parancsnok tudja kezelni. Emiatt azonban a parancsnoki kupolát egy kicsit hátrébb kellett elhelyezni, hogy elférjen a rádiókészülék. A gyárak még ekkor is némileg különböző kivitelezésű tornyokat készítettek.

A T-34/85 harckocsit szintén két géppuskával szerelték fel; egyet a löveggel párhuzamosítva építettek be a toronyba, egyet a páncéltest homlokpáncéljába. A járműbe a főfegyverzet nagyobb lőszerének helyigénye miatt immáron csupán 31 darab tárban elhelyezett 1953 darab géppuskalőszert lehetett bemálházni. A T-34/85 harckocsikban egy PPS géppisztolyt is rendszeresítettek a személyzet számára, arra az esetre, ha el kellett hagyniuk a harcjárművet.

A fegyverzet és a páncélvédelem növekedésével arányosan a jármű súlya is megnövekedett, ami értelemszerűen hatással volt annak sebességére és hatótávolságára is. A T-34/85 teljes súlya 1944-ben 32 tonna volt, és ezáltal sebessége 52 km/órára csökkent. Az üzemanyag mennyiségét 810 literre növelték, amely 360 km-es hatótávolságot tett lehetővé.

Minden egyes gyár saját gyártási képességeinek megfelelően, az alkatrészellátás hiányosságai és akadozása miatt kisebb-nagyobb eltérésekkel gyártotta a T-34-eket. Különböző lánctalpakat és futógörgőket alkalmaztak, a torony egyes alkatrészei, a páncéltest és a torony hegesztései, a kapaszkodók rögzítései és megannyi kisebb-nagyobb részlet kivitelezése között is voltak eltérések. Az UTZM masszív présgépe például lehetővé tette, hogy a tornyot préselve készítsék el – ez a változat „Uralmas" néven ismert. Az UTZM 2055 darabot gyártott ebből a típusú toronyból, amely az UTZM és a 183. számú gyár harckocsijaira került fel.

Ezek a jellegzetességek a továbbiakban is gyáranként változtak. Tekintve, hogy a sérült harckocsikat gyakran más gyártók által épített járművekből kiszerelt alkatrészekkel javítottak ki, több száznyi, ha nem ezernyi különböző eltérés fedezhető fel ezeken a harckocsikon. Ebből kifolyólag rendkívül nehéz egy szolgálatban álló páncélost a gyártója által beazonosítani, különösen a háború későbbi szakaszában.

A T-34 rendszeresítése nagyjából egybeesett azzal a döntéssel, hogy létrehoznak kilenc gépesítetthadtestet, állományukban két-két harckocsihadosztállyal és egy-egy gépkocsizó lövészhadosztállyal. Minden egyes harckocsihadosztálynak 210 T-34-gyel, illetve könnyű- és nehézharckocsikkal kellett rendelkeznie. A szovjet legfelsőbb hadvezetés 1941-ben úgy döntött, további húsz ilyen gépesítetthadtest hoz létre. Azonban sem a szovjet ipar nem rendelkezett ilyen kapacitással, sem a hadsereg nem rendelkezett elegendő emberrel egy ilyen hatalmas erő kiállításához, ezért a júniusban megindított német támadás idejére csak az eredetileg tervezett kilenc hadtest jött létre valamilyen formában. Ám gyakran még ezek sem rendelkeztek teljes állományukkal, a rendelkezésre álló T-34-ek száma hadtestenként változott. A háború kitörésekor a T-34-ek zömét a Balti Különleges Katonai Körzet 3. és 12. gépesítetthadtestében, a Kijevi Különleges Katonai Körzet 4., 8. és 15. gépesítetthadtestében, illetve néhányat az Ogyesszai Különleges Katonai Körzet 2. gépesítetthadtestében vonták össze.

Az 1941 júniusában és júliusában elszenvedett korai vereségek a gépesítetthadtestek augusztusi feloszlatásához vezettek. A harckocsikat dandárokba szervezték, amelyek egy három zászlóaljból álló harckocsiezreddel, egy gépkocsizó lövészzászlóaljjal és kiszolgáló alakulatokkal rendelkeztek. A harckocsiezrednek összesen 93 darab harckocsija volt: egyik zászlóaljában 22 T-34 és hét KV, a másik két zászlóaljában 32-32 könnyűharckocsi. Szeptember 13-án új parancs született, amely egy két zászlóaljból álló ezredre csökkentette a harckocsidandár állományát. Az egyik zászlóaljat ugyanúgy T-34-ekkel és KV-kal, a másik zászlóaljat pedig 32 könnyűharckocsival és páncélgépkocsikkal szerelték fel.

A következő néhány hónap tapasztalatai rávilágítottak, hogy az ezredszintű vezetés korlátozza az alegységek összeköttetését, ezért a harckocsidandárokat december 9-én átszervezték. Ekkor a dandárnak két harckocsizászlóaljból és két gépkocsizó lövészzászlóaljból kellett állnia. A harckocsizászlóalj állományába egy hét T-34-ből álló század, egy öt KV harckocsiból álló század és egy 10 könnyűharckocsiból álló század tartozott. Ezen felül a zászlóaljparancsnok is rendelkezett egy T-34-gyel.

A lövész- és lovas alakulatok megerősítése végett 1942. január 12-én egy újabb, ún. „C" típusú harckocsidandárt is létrehoztak. A gyalogsági harckocsidandár két zászlóaljában 46 harcjárművel rendelkezett, egyenként nyolc T-34, öt KV és 10 könnyűharckocsival. A lovas harckocsidandárok szintén 46 darab harckocsival rendelkeztek, de a két zászlóaljban a 10-10 T-34 és a 13-13 könnyűharckocsi mellett már nem voltak nehézharckocsik. Csak nagyon kevés ilyen dandár alakult meg, és február 8-án újabb döntés született, amelynek értelmében a dandárok harckocsiállományát 27 darabra csökkentették. A parancsot február 15-én visszavonták, így a harckocsidandárok visszaálltak a kétzászlóaljas hadrendre, amelyben zászlóaljanként 10 T-34, öt KV és nyolc könnyűharckocsi szerepelt – a harckocsidandárok állománya ismételten 46 harckocsit tett ki.

1942 júniusára már három eltérő szervezeti előírás létezett a harckocsizászlóaljakra vonatkozóan. Az önálló harckocsizászlóaljak két eltérő hadrend alapján 22, vagy 24 harckocsival rendelkeztek , amelyek közül 19 vagy 21 volt T-34, illetve a februári utasítás alapján érvényben volt a már létező harckocsidandárokat illető kétzászlóaljas hadrend is. Mindemellett a harckocsidandárok esetében rendszeresen alkalmazták az önálló harckocsizászlóaljakra vonatkozó előírások valamelyikét.

Júliusban két újabb rendelet látott napvilágot a harckocsidandárok átszervezését illetően: az előbbi 24 T-34-et és 16 könnyűharckocsit, utóbbi 32 T-34-et, 21 könnyűharckocsit és három páncélgépkocsit írt elő. Szeptemberben újabb szervezeti

előírás született, amely 24 T-34, öt KV és 20 könnyűharckocsi alkalmazását rendszeresítette. Ez utóbbi előírást csak elvétve alkalmazták, mivel ekkor már megkezdték a nehézharckocsik önálló áttörő alakulatokba szervezését. A helyzetet tovább bonyolítja, hogy a már létező alakulatokat nem szervezték át az új előírásoknak megfelelően, hanem az új rendszer csak az újonnan létrehozott kötelékekre vonatkozott. Ennek eredményeként 1942 végére nem kevesebb, mint hét különböző szervezeti utasítás létezett a harckocsidandárokra vonatkozólag, amelyekben az alárendelt zászlóaljak felépítése is eltérő volt.

A dandárok harckocsiállományának mennyisége 1943 novemberéig nem változott. Ekkor új szervezeti előírást vezettek be, amely alapján a dandár három zászlóalja egyenként 21 T-34-gyel rendelkezett, illetve további két harckocsi közvetlenül a dandárparancsnok alárendeltségébe került – így a dandár állományában összesen 65 T-34 volt. A harckocsikat három gépkocsizó lövészzászlóalj támogatta. A már létező alakulatok 1944 első felében fokozatosan változtatták meg hadrendjüket az új előírásnak megfelelően, s ettől kezdődően a harckocsidandárok hadrendje viszonylag változatlan maradt a háború végéig.

Miután a háború Európában 1945 májusában véget ért, a nyár folyamán a T-34-eket Mandzsúriába telepítették, hogy szembe nézzenek a japánokkal. A hidegháború alatt a T-34/85-öt a Varsói Szerződés tagállamai is hadrendben tartották. A harckocsi ezen kívül szolgált a koreai háborúban az észak-koreai erők oldalán, a T-34/85 kínai másolata, a Type 58 pedig az észak-vietnámi csapatok soraiban vett részt a vietnámi háborúban. A T-34/85 a Szovjetunió hadseregében az 1960-as évek végéig hadrendben maradt, és nem kevesebb, mint további 27 kisebb hadseregben is szolgálatot teljesített, még jócskán a 21. században is. A T-34/85 legutolsó alkalmazásáról 2015-ben érkeztek hírek, ekkor a jemeni kormányerők vetették be.

Neil Stokes

INTRODUCTION

The T-34 is one of the best-known tanks from World War Two, and was produced in higher numbers than any other armoured fighting vehicle of the period. It served in every area of the conflict between the Soviet Union and Nazi Germany, and became the mainstay of the Red Army's armoured forces.

The T-34 evolved from a series of designs led by Mikhail Ilyich Koshkin at the Kharkov Locomotive Plant (KhPZ), beginning with the A-20 and A-32 in 1939 and then the A-34 at the beginning of 1940. The designs built upon lessons learned from the BT series of fast tanks, utilizing the same Christie suspension but omitting the complex 'wheel-track' drive mechanism after the A-20. The vehicles were all powered by a 12-cylinder, 500hp V-2 diesel engine, which drove the vehicle through a rear-mounted transmission and drive sprockets. The A-20 had four large road wheels on each side, but the A-32 and A-34 added a fifth wheel. With a series of modifications including wider tracks, the design evolved into a fast, highly mobile vehicle.

Certain factions opposed the T-34 due to its high production cost, and there was political pressure from proponents of rival projects such as the KV. However, concerns about the inadequate performance of existing tank designs in the Winter War against Finland in 1939/40, and about the effectiveness of German tanks in France, led Soviet authorities to push the project forward. The first production T-34s were delivered from KhPZ Factory 183 in Kharkov in September 1940.

At the end of 1940, additional production began at the Stalingrad Tractor Factory (STZ). The factory continued building T-34s even after the Germans invaded Stalingrad, operating under air and artillery attack until October 5th 1942, when the invaders overran the factory itself. There are numerous stories of tanks being driven directly from the production line into combat. STZ delivered a total of 3,770 vehicles.

In July 1941, Krasnoye Sormovo Factory 112 in Gorkiy also began building T-34s, and completed 12,604 vehicles by the end of the war. Factory 112 was initially ordered to fit the M-17T gasoline engine to its T-34s, since V-2 diesel production was disrupted by the relocation of the factories that produced the engines, notably the Kharkov Diesel Factory 75 to Chelyabinsk. Factory 112 eventually produced 137 gasoline-powered T-34s before reverting to diesel engines.

On September 19th 1941, in response to a decree issued one week earlier, the KhPZ production facility began evacuating from Kharkov to Nizhny Tagil. The evacuation was completed in October after 755 T-34s had been delivered. The factory merged with the existing Dzherzhinsky freight car factory to form the Stalin

Ural Tank Factory 183, also known as UTZ. The relocated factory completed its first 25 T-34s before the end of 1941, and eventually delivered 28,952 vehicles, almost half of all T-34 production.

Also commencing in September 1941, the LKZ facility in Leningrad was relocated to Chelyabinsk. The new facility, known as the Chelyabinsk Kirov Factory (ChKZ) initially focused on KV heavy tank production but in June 1942, it was ordered to retool one of its three lines for T-34 production. This continued until 1944 when the ChKZ facility switched back entirely to heavy tank production with the IS-2, after delivering 5,094 T-34s.

The assets of the Voroshilov Factory 174 in Leningrad were moved first to Chkalov, then split between UTZ and a relocated Factory 174 in Omsk. Factory 174 delivered its first 55 T-34s in August 1942 and went on to deliver 5,867 T-34s.

The Ural Heavy Machine Tool Factory (UZTM) in Sverdlovsk absorbed production capacity from various other facilities and began fabricating T-34 hulls and turrets in April 1942, supplying them to Factory 183 for assembly. On July 28th, UZTM was ordered to begin manufacturing complete T-34s and the first 30 vehicles were delivered in August. In June 1943 however, UZTM ceased T-34 production after delivering 719 vehicles, and instead dedicated itself to the production of the SU-85 and SU-100 self-propelled guns.

This made a total of six factories building T-34s at various times during the conflict. They delivered a total of 58,863 T-34s of all variants by 1945.

The first T-34s were armed with the 76.2mm L-11 gun with 76 rounds, which was built at the Leningrad Kirov Factory (LKZ) and shipped to Kharkov for installation. This weapon is easily distinguishable by its short barrel and bulbous mantlet. However, only approximately 400 vehicles were delivered with the L-11 gun, before production switched, in March 1941, to the superior 76.2mm F-34 gun with 77 rounds. The new weapon offered greater range and accuracy along with superior armor piercing performance. With the BR-350 Armor Piercing High Explosive round, the F-34 was capable of penetrating 69mm of armour at 500m, compared to the L-11's 62mm at 500m. The main armament was supplemented by a 7.62mm DT machine gun mounted coaxially in the turret, and another in a ball mount in the glacis plate. A third machine gun was intended to be stowed within the hull, but was frequently not issued. A total of 4,851 rounds was carried for the machine guns, in 77 drum magazines of 63 rounds each. In company commanders' or higher-level commanders' tanks however, this was reduced to 2,898 rounds in 46 magazines, since those vehicles were equipped with radios which reduced ammunition stowage space.

A small series of T-34s were armed with the 57mm ZIS-4 gun, and were manufactured between July and September 1941. The ZIS-4 was a shortened version of the ZIS-2 towed gun, and could penetrate 98mm of armour at 500m. A total of 212 guns were manufactured and shipped to Factory 183 and STZ, but sources differ as to how many vehicles were delivered. This variant, officially known simply as 'T-34 with ZIS-4' was canceled since all available production capacity was required to redress the losses of the summer. However, at least 10 vehicles saw combat with the 24th Tank Regiment in the defense of Moscow in December 1941. There were further experiments with the ZIS-4 in 1943, but the work was discontinued in favor of the T-34/85.

Initial production T-34s had a maximum of 45mm of armour on the front of the hull, reducing to 15mm on the bottom. There were two major turret variants; a welded turret with 45mm armour and a cast turret with 52mm armour. Furthermore, the extensive use of heavily sloped armour significantly increased the effective protection. The armour was also increased by several factories welding applique armour plates onto the hull and turret, and later by thickening the main armour plates themselves.

Initial production T-34s weighed 26 metric tons, and carried 455 litres of diesel fuel. The T-34 had a maximum road speed of 55kph, and an operational range of 300km on roads. Speed and range were obviously reduced when traveling off-road. Additional fuel could be carried in rectangular tanks strapped to the hull sides. These were later replaced by larger tanks on the rear hull, and later still by up to three 90-litre cylindrical tanks on the rear hull sides, increasing range to 465km. None of these tanks were plumbed into the main fuel supply, so fuel had to be transferred to the internal tanks using buckets and hoses. Note also that at least one of the cylindrical tanks was always used for engine oil; the others were available for fuel.

The T-34 provided significant challenges for invading German forces during Operation Barbarossa in the summer of 1941. It had excellent flotation and could traverse terrain that German tanks could not. Its powerful gun could successfully defeat contemporary German armour at any practical combat range. Its low silhouette made it difficult to hit, and its well-sloped armour was difficult to penetrate with the then-standard 3.7cm German tank guns. However, a lack of training, inadequate maintenance and bad tactics, together with technical shortcomings such as poor sights and vision optics, reduced the T-34's effectiveness.

One weakness of the T-34 was its two-man turret. The commander also served as the loader, and since the majority of the ammunition was stored in cases under a rubber mat on the floor of the fighting compartment, the commander/loader's job was an arduous one. The vision devices provided for the commander were also less than adequate, particularly after the removal of the panoramic sight fitted to the first production examples. This meant that the commander was not only hampered by being forced to act as loader, but was also impeded by insufficient awareness of the tactical situation around him.

As early as December 1941, some manufacturers such as Factory 183 began moving to a larger turret with two hatches. The new turret was manufactured in several variants and further evolved with the addition of a cupola, which considerably improved the commander's vision. It also allowed for greater ammunition stowage within the turret itself, improving overall ammunition capacity to 100 rounds and reducing the need to resort to the rounds stored under the floor. However, the larger turret also meant increased weight, reduced the slope of the turret side armour and increased the overall height of the vehicle.

In 1943, Soviet armoured forces began to call for a larger calibre weapon to deal with the new generation of German tanks (the Tiger I and Panther). The T-34 was therefore up-gunned with an 85mm main armament, mounted in a larger, three-man turret with 75mm armour and a turret ring of 1.6m diameter compared to the earlier T-34's 1.425m. The new vehicle was designated as the T-34/85.

The 85mm D-5T gun, adapted from the 85mm Air Defense Gun M.1939 (52-K) was initially chosen for the new variant, and 255 D-Ts were mounted in T-34/85s at Factory 112 between January and April 1944. Commencing in February however, the ZIS-S-53 gun began to supplement and eventually replace the D-5T. Factory 183 also began delivering T-34/85s with the ZIS-S-53 gun in mid-March, and Factory 174 in June. The three factories delivered 16,411 T-34/85s by the end of the war. The ZIS-S-53 was cheaper to manufacture and more compact than the D-5T, increasing the available space inside the turret. Using the BR-365 Armour Piercing High Explosive round, both the D-5T and the ZIS-S-53 could penetrate 111mm of armour at 500m. T-34/85s with the D-5T gun carried 55 rounds of ammunition, while those with the ZIS-S-53 carried 56 rounds.

There were several variants of the 85mm turret. When Factory 112 commenced production of the T-34/85 in January 1944, vehicles still mounted the radio in the hull and the commander's cupola was set slightly forward of the bend in the turret sides, but by March the radio was relocated to the turret for operation by the commander, and the cupola mounted further to the rear to allow space for the radio. Even then, different factories had their own subtle variations in turret manufacture.

The T-34/85 also carried two 7.62mm machine guns; one mounted coaxially in the turret and the second in the glacis plate. The vehicle carried 1,953 rounds in 31 magazines, a major reduction due to the increased size of the ammunition for the main armament. The T-34/85 also carried a single PPSh sub-machine gun for close-In defense or if the crew was forced to abandon their vehicle.

As armament and armour protection were increased, the weight of the vehicle increased with a consequent effect on speed and range. By 1944, the T-34/85 had a combat weight of 32 metric tons, and a reduced top speed of 52kph. Fuel capacity was increased to 810 litres, giving a range of 360km.

Each production facility introduced many differences in the way it built its T-34s, due to specific production capabilities of each factory, shortages or difficulties in the supply of components, and so on. These included different types of tracks and running gear, turret details, the method of joining the hull and turret plates, the design of the grab rails on the outside of the hull and turret, and many more. For example, UZTM's massive drop press enabled it to produce pressed turret shells, known as 'Uralmash' turrets. UZTM produced 2,055 of these turrets, which were used by UZTM itself and also supplied to Factory 183.

Such characteristics further evolved over time in each factory, and since damaged vehicles were often recovered and rebuilt using cannibalized parts from different factories, there are hundreds if not thousands of potential differences. It therefore becomes extremely difficult to identify a vehicle in service, particularly later in the war, as coming from a specific factory at a specific time.

The T-34's introduction roughly coincided with the decision to form nine mechanised corps, each with two tank divisions and a motorized division. Each tank division was to have 210 T-34s, plus light and heavy tanks. In early 1941, the Soviet High Command decided to form a further 20 such mechanized corps. However, Soviet industry did not have the capacity, nor did the army have the manpower, to field such a massive force, so only the original nine corps existed in any real sense by the time of the German invasion in June. Even those were often significantly under strength, and the numbers of T-34s differed widely from one corps to another. At the outbreak of war, most of the T-34s were concentrated in the 3rd and 12th

Mechanised Corps (Baltic Special Military District), the 4th, 8th and 15th Mechanised Corps (Kiev Special Military District) and a few in the 2nd Mechanised Corps (Odessa Special Military District).

The early defeats in June and July 1941 led to the mechanised corps being disbanded and on August 23rd, tanks were organized into brigades with a tank regiment of three battalions, plus a motorised rifle battalion and supporting units. The tank regiment was to have 93 tanks, of which one battalion was comprised of 22 T-34s and 7 KVs, and the remaining two battalions were comprised of 32 light tanks each. On September 13th however, a new order was issued that reduced the strength of a tank brigade to a single regiment with two battalions. One battalion was equipped with T-34s and KVs as described above, and the other with 32 light tanks, plus armoured cars.

The next few months of combat showed that the regimental command level impeded communications, so the tank brigades were restructured on December 9th with two tank battalions and two motorised rifle battalions. Each battalion had one company of seven T-34s, another of 5 KV heavy tanks and a third of 10 light tanks. An additional T-34 was provided for the battalion commander.

On January 12th 1942, additional 'C' type tank brigades were formed to help reinforce infantry and cavalry formations. The infantry tank brigades had 46 tanks in two battalions, each with eight T-34s, 5 KVs and ten light tanks. The cavalry tank brigades also had 46 tanks in two battalions, each with ten T-34s and thirteen light tanks, but with no heavy tanks. Very few such brigades were formed however, and on February 8th, a further decision was made to reduce the number of tanks in a brigade to 27. By February 15th, this order was rescinded and tank brigade was reestablished at two battalions each with ten T-34s, five KVs and eight light tanks, once again making 46 tanks in the brigade.

By June 1942, there were three separate organizations for tank battalions. Two different types of independent tank battalion had 22 or 24 tanks, of which 19 and 21 were T-34s respectively. There was also the existing tank brigade structure with two tank battalions, established in February. However, either of the independent tank battalion structures was frequently applied to a tank brigade's battalions.

In July, two further orders were issued restructuring the tank brigades, firstly with 24 T-34s and 16 light tanks, then with 32 T-34s, 21 light tanks and 3 armoured cars. In September, another structure was introduced with 24 T-34s, 5 KVs and 20 light tanks, though this structure was seldom implemented since heavy tanks began to be separated into independent breakthrough formations. To further add to the confusion, existing units were typically not reorganized when new orders were issued. Only new formations assumed the new structures. By the end of 1942 therefore, there were no less than seven different tank brigade structures, with different battalion structures underneath them.

The number of tanks in a brigade remained stable until November 1943, when a new structure was introduced with three tank battalions of 21 T-34s each, plus an additional two in brigade command, for a total of 65. There were also three motorised rifle battalions to support the tanks. Existing units were gradually migrated to the new structure through the first half of 1944, and tank brigades thereafter remained relatively unchanged in structure until the end of the war.

After the conflict in Europe ended in May 1945, T-34s were deployed to Manchuria in the summer of that year to face the Japanese. T-34/85s were used by Warsaw Pact armies during the Cold War. T-34/85s also saw service with North Korean forces in the Korean War and the Chinese Type 58, a copy of the T-34/85, equipped the North Vietnamese Army during the Vietnam War. The T-34 remained in Soviet service until the late 1960s, and has served with no less than 27 smaller armies, continuing well into the 21st century. The most recent documented use of the T-34/85 was with Yemeni government forces in 2015.

Neil Stokes

12

Egy kiégett, 1940-es gyártású, 76,2 mm-es L-11 löveggel felszerelt T-34 látható, amely az ukrajnai Harkovban készült a 183. számú gyárban. A járműnek 52 mm-es páncélzatú öntött toronya van, illetve a torony búvónyílására felszerelték a körkörös kitekintést nyújtó figyelőkészüléket is. Az év végétől ezt már nem alkalmazták, s ezzel jelentős mértékben csökkentették a parancsnok kilátását, megfosztva attól, hogy pontosan fel tudja mérni a kialakult helyzetet. Ez a probléma 1943-ig, a parancsnoki kupola alkalmazásának bevezetéséig rákfenéje volt a T-34-eknek.

This photo shows a burned out 1940 production T-34 armed with the 76.2mm L-11 gun, manufactured by Factory 183 in Kharkov (now Kharkiv), Ukraine. The vehicle has a cast turret with 52mm armour, and mounts a panoramic vision periscope in the turret hatch. This device was omitted from T-34 turrets at the end of the year, severely limiting the commander's vision and his ability to accurately assess the tactical situation. This problem was to plague the T-34 until the introduction of a cupola in 1943.

13

Német katonák vizsgálnak egy zsákmányolt T-34-et, amelyet a homlokpáncéljára festett hasábkereszt alapján a németek szolgálatba is állítottak. A jármű egy 1940 végén a 183. számú gyárban készült példány, L-11 löveggel és a parancsnok panoráma megfigyelőkészülékével. A harckocsin korai, 550 mm-es szélességű lánctalp van, a páncéltest oldalán és a sárvédőn külső üzemanyagtartályok láthatók. A T-34 oldalára további két ilyen tartályt lehetett felerősíteni, ezeknek csak a tartóbakjai látszanak.

German soldiers inspect a captured T-34 that has been put into German service as indicated by the Balkenkruz on the glacis plate. This vehicle is a late 1940 production example from Factory 183, armed with the L-11 gun and fitted with the commander's panoramic observation periscope. The tank carries the initial pattern 550mm track and external fuel tanks on the hull sides and fenders. Two such tanks are visible but there are mounting brackets for a further two on this side.

14

Egy 1940-1941 telén, a 183. számú gyárban készült T-34, még L-11 löveggel felszerelve, amely könnyen felismerhető a kupolaszerű lövegpajzsról és a rövidebb lövegcsőről. A harckocsit a nyugat-ukrajnai Zbarazsban hagyták hátra 1941. július 5-én. Figyeljük meg a homlokpáncél alsó szélén futó szegecssort, amely a későbbi gyártású járműveken már nem található meg, illetve a hiányzó külső üzemanyagtartályokat! A torony a 45 mm-es hegesztett páncélból készült változat.

Here is a winter 1940/41 production T-34 manufactured by Factory 183, still armed with the L-11 gun which is easily distinguishable by its bulbous mantlet and shorter barrel. The photo shows the vehicle abandoned in Zbarazs (now Zbarazh), western Ukraine on 5th July 1941. Note the row of rivets along the lower edge of the glacis plate, deleted on later production examples, and the lack of provision for external fuel tanks. The turret is the welded version with 45mm armour.

Ismét egy, 1940-1941 telén a 183. számú gyárban készült, L-11 löveggel ellátott T-34 látható. Egy robbanás levetette a helyretolószerkezetet takaró burkolatot a lövegpajzsról, annak ívéről azonban felismerhető, hogy L-11 harckocsiágyúról van szó. A parancsnok körkörös kitekintését biztosító kinézőt vagy leszerelték, vagy eleve rá sem került a járműre. Az első időszakban, amikor már nem alkalmazták a megfigyelőkészüléket, de a helye még megjelent a búvónyíláson, azt egy kör alakú lemezzel fedték be. A későbbiekben már áttervezett búvónyílásfedelet alkalmaztak.

This photo, taken in March 1942, shows another T-34 manufactured by Factory 183 in the winter of 1940/41, armed with the L-11 gun. An explosion has blown the bulbous recuperator cover off the mantlet, though the shape of the rotor shield reveals it as an L-11. The panoramic vision periscope has been removed or omitted from this vehicle. When the device was initially omitted, a circular plate was welded over the aperture in the hatch cover, until a revised cover could be designed and introduced into production.

16

A képen egy 1941 február-márciusában készült példányt láthatunk, amely a 183. számú gyárban készült L-11 harckocsiágyúval. A harckocsi öntött toronnyal készült, és oldalanként két-két külső üzemanyagtartályt lehetett ráhelyezni, ezeknek azonban csak a rögzítőpontjai láthatók. A járműben belső robbanás történt, amely levetette a tornyot. Az ezt követő tűz a jármű látható oldalán a legtöbb futógörgőről leolvasztotta a gumikat.

This photo shows a February/March 1941 production example manufactured by Factory 183, still armed with the L-11 gun. This vehicle mounts a cast turret, and has provision for four external fuel tanks, two on each side of the hull. The tank has suffered an internal explosion which has lifted the turret off the hull, and a subsequent fire which has burned the rubber tires off most of the road wheels on the visible side.

A képen a 183. számú gyár által 1941 tavaszán gyártott T-34 látható, amelyet a német csapatok zsákmányoltak 1941. július elején az ukrajnai Lvovban, egy javítóbázis lerohanásakor. A jármű öntött tornyába már a hosszabb, 76,2 mm-es F-34 harckocsiágyút szerelték, amelynek jelentősen eltért a lövegpajzsa a korábbi változattól. A torony búvónyílásán jól látható a körkörös kitekintést biztosító figyelőkészülék nyílását fedő kör alakú lemez. A figyelőkészülék használatát nagyjából egyidőben szüntették meg az F-34 harckocsiágyú bevezetésével.

This photo shows a T-34 manufactured by Factory 183 in the early spring of 1941, captured when German forces overran a maintenance depot in Lvov (now Lviv), Ukraine in early July 1941. It mounts the longer 76.2mm F-34 gun with a distinctively different shaped mantlet, in a cast turret. The turret hatch cover features a circular blanking plate over the aperture for the panoramic viewing periscope, after the periscope was discontinued around the same time as the changeover to the F-34 gun.

18

Ismét a 183. számú gyár által 1941 tavaszán készített T-34, szintén F-34 harckocsiágyúval ellátva, ezúttal azonban hegesztett toronnyal. Figyeljük meg, hogy a torony búvónyílásának zárófedelén már nem alakították ki a panoráma megfigyelőkészülék helyét, ezt 1941 márciusától szüntették meg! A torony tetején jól látható a két PT-4-7 figyelőkészülék, bár mindkettőről hiányzik a védőborítás. A jármű lövegcsövét láthatólag átütötte egy találat a csőszáj közelében, valószínűleg egy 3,7 cm-es ágyúból.

Another T-34 manufactured by Factory 183 in the spring of 1941, also mounting the F-34 gun, this time in a welded turret. Note the absence of a circular blanking plate after the hatch cover was redesigned in March 1941. Note also the dual PT-4-7 periscopes on the turret roof, though the protective covers are missing from both. The vehicle appears to have taken a penetrating hit to the gun barrel, close to the muzzle, possibly from a 3.7cm gun.

19

Néhány hátrahagyott T-34 és egy BT könnyűharckocsi egy folyómederben, amelyek a háttérben látható híd sérülései miatt a vízben próbáltak meg átkelni. Az RKKA (Rabocse-kresztyjanszkaja Krasznaja Armija – Munkás-paraszt Vörös Hadsereg) parancsnokainak hiányos felkészültsége és a személyzetek gyenge kiképzése a „Barbarossza" hadművelet idején gyakran vezetett ilyen és ehhez hasonló balesetekhez. A közelebbi öntött tornyú T-34 a búvónyíláson megfigyelhető fedőlemez alapján 1941 tavaszán készült, míg a hátul lévő hegesztett toronnyal rendelkezik.

Several T-34s and a BT light tank lay abandoned, having unsuccessfully attempted to ford a river after the nearby bridge was destroyed. Poor leadership and crew training in the RKKA led to frequent mishaps such as this during Operation Barbarossa. The nearest T-34 is a spring 1941 production example, judging by the circular blanking plate covering the aperture for the panoramic vision periscope. Note the cast turret on the nearest vehicle and the welded turret on the one behind.

Megsemmisített T-34-ek és T-30 könnyűharckocsik újabb csoportja egy mocsaras területen, a németek előli tömeges visszavonulás következményeként 1941-ben. A közelebbi T-34 1940-es gyártásúnak tűnik, a 183. számú gyár üzeméből, bár a súlyos sérülések megnehezítik a beazonosítást. A járművet a farpáncélzat alján érte egy találat, amely felgyújtotta a motort és belső robbanást okozott, ami levetette a tornyot a páncéltestről.

Another group of T-34s and a T-30 Light Tank lay destroyed and abandoned in marshy terrain after one of the mass retreats in the face of German forces in 1941. The nearest T-34 appears to be a 1940 production example from Factory 183, though the heavy damage makes it difficult to be certain. The vehicle has taken a hit in the lower rear hull that has caused an engine fire and an internal explosion that has blown the turret off the hull.

21

Egy 1941 elején készült, a 183. számú gyárban összeszerelt példány egy útszéli árokban. A harckocsin az 1940-es mintázatú lánctalp és hegesztett, egyetlen PT-K megfigyelőműszerrel ellátott torony van. Figyeljük meg a hűtőrács vékony anyagát a váltómű felett! Ez nem volt páncélozott, a váltómű védelmét egy, ezen rács alá erősített 20 mm-es páncéllemez biztosította.

An early 1941 production example from Factory 183 lays in a roadside ditch. The vehicle carries the September 1940 pattern tracks and a welded turret with a single PT-K periscope. Note the thinness of the steel on the opened cover over the exhaust air outlet above the transmission compartment. This cover was not armoured, and protection for the transmission compartment for impacts from above was provided by the 20mm armour plate beneath.

22

Ugyanaz a jármű egy másik szögből fényképezve. A páncéltest éleinek sima illesztése és a csavarozott, három elemből álló orr-rész alapján ez a harckocsi a 183. számú gyárban készült. Figyeljük meg a vezető búvónyílásának korai kivitelezésű, egyetlen kinézővel ellátott zárófedelét és a nyílás két felső sarkában kialakított, szögben beállított kinézőműszert! A rádióantenna rögzítési pontja arra utal, hogy ez egy parancsnoki jármű volt.

This photo shows the same vehicle from a different angle. The smooth joints on the corners of the hull and the riveted three-piece nose are further indications that this is a Factory 183 vehicle. Note the early style driver's hatch with its single forward-facing periscope and the two angled periscopes mounted in the glacis on either side of the hatch. The base for a radio antenna protruding from the mount suggests that this was a commander's vehicle.

23

Ez a T-34, amely szintén a 183. számú gyárban készült, egy belső robbanás áldozata lett, amely levetette a tornyot a helyéről. A jármű kiégett, amint az jól megfigyelhető a jármű elszíneződött hátsó részén, illetve a futógörgőkről leégett gumik után maradt hamu alapján. A legelső futógörgőt és a korai gyártású járművekre jellemző gumírozott láncfeszítőkereket már láthatóan nem érte el a tűz, amely meggyengítette a torziós rugókat is, ezért a futómű „leült".

This T-34, also from Factory 183, has suffered an internal explosion that has blown the turret off its mounting. The vehicle has burned, as shown by the discolored paint on the rear of the hull and the piles of ash from the rubber tires on the road wheels. The foremost road wheel on the near side, along with the rubber tired idler wheel fitted to early production examples, was evidently beyond the reach of the fire. The fire has weakened the torsion bars, lowering the suspension.

24

Ez a jármű 1941 tavaszának végén, vagy nyarának elején készült a 183. számú gyárban. A fényképen jól látható a páncéltest széleinek és a farpáncél felső lemezének sima illesztése, illetve a négyszögletes zárólemez a váltómű szerelőnyílásán. A 183. számú gyár körülbelül ebben az időszakban állt át a kör alakú szerelőnyílás alkalmazására. A járművön a már átdolgozott „kalapács" alakú vonóhorgok láthatóak, amelyek 1941. nyár elejétől váltották le a korábbi változatot.

This vehicle was produced at Factory 183 in the late spring or early summer of 1941. The photo reveals the smooth joint between the hull side and the upper rear hull, but also the rectangular cover on the transmission access hatch. Factory 183 switched to a circular cover around this time. The vehicle also carries the revised 'hammer' style towing hooks, which began replacing the earlier shackles in the early summer of 1941.

Egy vontatott, súlyosan megrongálódott T-34. Nem valószínű, hogy a németek szolgálatba akarták állítani ezt a harckocsit, mivel a futógörgőkről hiányzó gumírozás és a futómű megsüllyedt felfüggesztése arra utal, hogy a jármű kigyulladt. Figyeljük meg, hogy néhány görgőről hiányzik a zárófedél és így látható a csapágyazás! A homlokpáncélra erősített vonóhorgok és a páncéltest sima illesztése alapján ez a T-34 a 183. számú gyárban készült.

Here a heavily damaged towed T-34. It is unlikely that the vehicle is being recovered for use by the Germans since the missing rubber tires and sunken suspension suggest that it has burned. Note the covers missing from the hubs on several of the road wheels, exposing the bearings beneath. The tow shackles on the glacis and the smooth joint between the glacis and the hull side suggest that this is a Factory 183 vehicle.

A fényképen a 183. számú gyárban 1941 tavaszán vagy kora nyarán készült T-34 látható, amelyet a német csapatok zsákmányoltak és szállítási adatokkal láttak el, hogy Németországba küldjék. Ott valószínűleg a Berlin közelében fekvő Kummersdorfban létesített telepre került, amely a Heereswaffenamt (Fegyverzetügyi Hivatal) fennhatósága alá tartozott, hogy műszaki vizsgálatoknak vessék alá. A járművön olvasható „Lefoglalt, OKH Berlin" felirat a Waffenprüfungsamt 1-nek szólt, bár a harckocsikat és más járműveket általában a Waffenprüfungsamt 6 tesztelte.

This photo shows a vehicle produced by Factory 183 in the spring or early summer of 1941, that has been captured by German forces and marked for shipment to Germany. There it will undergo technical evaluation, most likely at the Heereswaffenamt facility at Kummersdorf near Berlin. The vehicle is marked 'Confiscated OKH Berlin' to the attention of Waffenprüfungsamt 1, whereas tanks and other vehicles were typically evaluated by Waffenprüfungsamt 6.

27

Ezen a járművön egy áttervezett hegesztett torony látható, amelyet a 183. számú gyár azt követően kezdett alkalmazni, hogy áttelepült Nyizsnyij Tagilba. Ezen már nem volt rajta a torony tetején a jobb oldali megfigyelőkészülék, a helyét egy kör alakú lemezzel fedték le. A torony tetejére a korábbi, felnyitható ventilátor helyett új, rögzített ventilátor került. A torony tetején található búvónyílás zárófedelét is áttervezték, a közepén szélesebb kiemelkedő résszel.

This vehicle mounts a modified welded turret that was fitted to vehicles at Factory 183 after the relocation to Nizhny Tagil. The periscope cover on the right-hand side of the turret was omitted and the aperture covered with a circular blanking plate. A new fixed ventilator cover on the turret roof was fitted, replacing the older hinged cover. The design of the turret roof hatch cover was also modified with a wider raised portion in the center.

28

Német gyalogság vonul el egy hátrahagyott T-34 mellett, amely vagy lecsúszott az útról, vagy később tolták le a behavazott töltés oldalába. A tornyon még két megfigyelőműszer látható, ugyanakkor már a rögzített ventilátorral és a szélesebb kiemelkedő résszel készült búvófedéllel. Figyeljük meg a tartalék lánctagokat az oldalsó sárvédő hátsó részén, illetve az első szegmensre szíjazott jégkapaszkodókat! Ez utóbbiakat csavarral lehetett a lánctagokra erősíteni, hogy sáros vagy csúszós terepen javítsák a harckocsi menettulajdonságait.

German infantry march past an abandoned T-34 that has slid or been pushed off a dirt road and down a snowy embankment. This vehicle's turret carries the earlier twin vision periscopes, though it has the fixed turret roof ventilator and a hatch cover with a broader center section. Note the spare track links on the rear fender and the ice cleats strapped to the forward fender. These could be bolted to the outer faces of the track links to improve traction in muddy or slippery conditions.

Ezen a fényképen egy a 183. számú gyár által, annak áttelepítését követően készült T-34 látható. A kép jó rálátást enged a torony tetejére, a nagyméretű búvónyílásfedélre, az emelőgyűrűkre és az egyetlen PT-4-7 figyelőkészülék helyére, amiből maga a készülék hiányzik és a fedőlemeze sincs meg. A búvónyílás zárófedelén található kör alakú nyíláson keresztül a jelzőzászlókat használták. Ez igen elterjedt módja volt a kapcsolattartásnak a háború korai szakaszában, annak ellenére, hogy parancsnoki (század- és afeletti) szinten már ellátták őket rádiókészülékkel.

This photo of a T-34 manufactured by Factory 183 after the relocation, provides a view of the turret roof with the large single hatch, lifting rings and a single PT-4-7 periscope housing, though the upper cover and the periscope itself are missing. The round port in the hatch cover was used to display signal flags, widely used for communications in the early period of the war, since only commanders' vehicles (company level and above) were fitted with radios at that time.

29

30

Ez a jármű, amely szintén az áttelepítést követően készült a 183. számú gyárban, belső robbanást szenvedett el, amely levitte a páncéltest teljes bal oldalát, felfedve így a motortér és a küzdőtér maradványait. A rombusz alakú tárgy az elülső bal oldali üzemanyagtartály. Figyeljük meg a láthatóvá vált lengőkart, az azt szabályozó lengéscsillapítót a páncélteknő oldalán és a láncfeszítőkerék excentrikus tartóját!

This vehicle, also manufactured at Factory 183 after its relocation, has suffered an internal explosion that has torn away the entire left-hand side of the hull, exposing what is left of the engine compartment and the fighting compartment. The rhomboid shaped object visible inside the hull sponson is the forward left-hand fuel tank. Note also the exposed suspension swing arm, the shock absorber on the hull side that limits the arm's travel, and the eccentric mount for the idler wheel.

Egy T-34 lángol a hóban 1941-1942 telén. A jármű rárohant egy másik T-34-re, amely oldalra csúszva az árokban kötött ki. A kipufogó borításán látható retesz és a kör alakú szerelőnyílás alapján ez a harckocsi a 183. számú gyárban készült, mivel a 112. számú gyárban nem alkalmazták a reteszeket, a Sztáligrádi Traktorgyárban (SzTZ) pedig kapcsos illesztéssel rögzítették a páncéltest hátsó lemezét az oldallemezekhez.

A T-34 burns in the snow in the winter of 1941/42. The vehicle has rammed another T-34, which is heeled over sideways in a ditch in the background of the photo. The latch on the side of the folding exhaust air cover, along with the round transmission access hatch suggest this vehicle was manufactured by Factory 183, since Factory 112 did not fit the latches and Stalingrad Tractor Factory (STZ) hulls featured interlocked joints on the rear corners.

Egy német katona pózol egy zsákmányolt és német szolgálatba állított T-34-en. A németek már 1941 végétől használatba vették a T-34-eket, mivel – bár a szovjet veszteségek nagyobbak voltak az övéiknél – a német ipar képtelen volt a veszteségek teljes pótlására. Figyeljük meg a homlokpáncél felső élére erősített fa pallót, amely a páncéltest és a torony közötti ún. „találati csapda" kiküszöbölésére szolgált!

A German soldier poses atop a captured T-34 that has been placed into service by German forces. T-34s were in German use as early as the end of 1941 since, while Soviet losses were far greater than those of the Germans, German industrial capacity was also much less capable of producing adequate replacements to redress the losses. Note the wooden plank mounted atop the glacis plate to protect the shot trap beneath the front of the turret.

Német katonák – köztük egy fekete egyenruhás páncélos – egy másik zsákmányolt és szolgálatba állított T-34-t vizsgálnak. A harckocsi a 183. számú gyárban készült 1941 őszén, és már fellelhetőek rajta az olyan későbbi gyártási jellegzetességek, mint a második fényszóró hiánya és a „kalapács" formájú vonóhorgok – ugyanakkor a harckocsi vezetőjének búvónyílása még korai kivitelezésű. Az antenna valószínűleg már a németek által beszerelt rádiókészülékhez tartozik.

German soldiers, including one in black panzer crew uniform, inspect another captured T-34 that has been placed into German service. This is a Factory 183 product from the autumn of 1941, and displays later production features such as the lack of a second headlamp and 'hammer' style towing hooks, though it carries the earlier style driver's hatch. The appearance of the radio antenna suggests that the original radio has been replaced with German equipment.

34

Bár a súlyos sérülések megnehezítik ennek a T-34–nek gyártója szerinti beazonosítását, a páncéltest bal oldalának sima illesztése és a páncélteknő alsó részén látható zsanér arra utalnak, hogy a 183. számú gyárban készült 1941 őszén. Az egymást keresztező vonalakból álló téli álcázófestést leggyakrabban az 1. gárda-harckocsidandárral kötik össze 1941-1942 teléről, a moszkvai csata idejéből. Ennek a fényképnek az eredetijén nincs meggyőző keltezés, ami alátámasztaná ezt.

The extensive damage to this T-34 makes its lineage difficult to determine with certainty, but the smooth rear edge of the left hull side and the remnant of the hinge on the lower rear hull suggest it is a Factory 183 example from the autumn of 1941. The pattern of cross-hatched lines for snow camouflage is most often associated with the 1st Guards Tank Brigade during the Battle of Moscow in the winter of 1941/42, though the original photo is not conclusively dated.

Ezen a megsemmisített T-34-en a gyári jellegzetességek szokatlan vegyességét találjuk. A páncéltest sarkainak egyenes illesztése és a gumírozás nélküli fémgörgők arra utanak, hogy ez a harckocsi a 183. számú gyárból származik. Az öntött tornyot a 264. számú gyár mind a 183. számú gyárnak, mind az SzTZ-nek szállította, de a leegyszerűsített „Barrikagyi" löveg-pajzs tipikusan az SzTZ járműveire utal. Figyeljük meg a páncéltest hátsó oldalára szíjazott, szabványtól eltérő 200 literes üzemanyagtartályt!

This destroyed T-34 displays an unusual combination of production features. The straight joint on the corner of the hull, combined with the all-steel road wheels, indicates the hull came from Factory 183. The turret is of the cast pattern introduced by Factory 264 and supplied to both Factory 183 and STZ, though the simplified 'Barrikady' mantlet is typically associated with STZ vehicles. Note the non-standard 200 litre drum strapped to the rear hull side.

Az SzTZ volt a második gyár, amely megkezdte a T-34 gyártását. A képen egy, az SzTZ által 1941 őszén készített harckocsi látható. Figyeljük meg a hegesztett tornyot, amely tetőlemezének hátsó része vízszintes, és a fém futógörgőket, amelyeknek a kerékagyába építették be a gumi lengéscsillapítókat! Ezt a típust az SzTZ fejlesztette ki 1941 közepén a gumihiány kiküszöbölésére. A korai SzTZ gyártású harckocsik még ugyanolyan gumírozású futógörgőkkel készültek, mint a 183. számú gyár járművei.

STZ was the second factory to commence T-34 production. This photo shows a vehicle manufactured at STZ in the autumn of 1941. Note the welded turret with a horizontal rear section on the roof, and the all-steel wheels with internal rubber shock absorbers built into the hubs. These wheels were introduced at STZ in mid-1941 due to rubber supply shortages, though early STZ vehicles used the same rubber-tired wheels as those from Factory 183.

37

Itt egy 1941 második felében készült, SzTZ gyártású jármű látható. Ekkor mind az SzTZ, mind a 183. számú gyár gumírozott futógörgőket alkalmazott, az SzTZ csak a németek 1941. júniusi támadását követően kezdte el a fémgörgők használatát. A képen látható T-34 láncfeszítő görgője ugyanakkor még a gumírozott változat. A harckocsit egy nagy űrméretű fegyverrel találták el a torony jobb oldalán, a lövegpajzs közvetlen közelében. Vagy ez, vagy egy másik találat kimozdította a helyéből a lövegpajzsot és leszakította a lövegcsövet is.

This photo shows a vehicle produced by STZ in mid- to late 1941. At that time, both STZ and Factory 183 used rubber tired road wheels, and STZ only began manufacturing only began manufacturing all-steel wheels after the German invasion in June 1941. The idler wheel visible in the foreground however, is of all-steel construction. The vehicle has taken a heavy calibre hit on the right front of the turret, adjacent to the mantlet, and either this hit or another has torn the mantlet away and snapped the gun barrel.

Német katonák vizsgálgatnak egy megsemmisített T-34-et. A jármű a homlokpáncél illesztése és a gumírozott futógörgők maradványai alapján 1941 tavaszán készült az SzTZ gyárában. A harckocsi kiégett, a tűz meggyengítette a tekercsrugókat és ennek következtében a jármű majdnem teljesen „leült" a talajra. Figyeljük meg a harckocsi oldalán a három üzemanyag-tartály rögzítésére szolgáló pontokat!

German soldiers examine a destroyed T-34. This vehicle appears to be an STZ production example from the spring of 1941, judging by the lapped joints on the front corners of the hull and the remains of rubber tired road wheels. The vehicle has burned, weakening the coil springs that support the suspension and lowering the hull almost to the ground. Note the three sets of mounting brackets for external fuel tanks on the hull side.

39

Ez a németek által zsákmányolt és szolgálatba állított T-34 némileg furcsa, mivel a páncéltest bizonyos jellegzetességei – mint például a hat csavar a páncéltest felső részének alsó szélén és a kipufogó nyolc csavarral rögzített burkolata – az SzTZ gyártmányára utal, ugyanakkor a torony leginkább a már Nyizsnyij Tagilba áttelepített 183. számú gyár által alkalmazott változat. Elképzelhető, hogy egy újjáépített járművet látunk, amelyet különböző gyárakban készített elemekből állítottak össze.

This T-34, captured and pressed into German service, is something of an oddity in that it shows certain hull characteristics of an STZ vehicle, such as six bolts along the lower edge of the upper rear hull, and armoured exhaust covers mounted with eight bolts, but the turret is of a pattern most commonly seen on vehicles produced by Factory 183 after its relocation to Nizhny Tagil. It is possible that the vehicle is a rebuild using components originally manufactured at different factories.

40

Ezt a T-34-et 1942 őszén fényképezték le, de a homlokgéppuska pajzsát rögzítő öt csavar és a kalapács stílusú vonóhorog alapján 1941-1942 telén készült az SzTZ-nél. Mindemellett a harckocsi tornya 1942. tavasz végén készült, erre utal a torony „állán", a lövegpajzs két oldalán látható háromszögletű páncélzat. Figyeljük meg a PT-K figyelőműszert és az Mk4 típusú figyelőműszert a torony tetején! Ezek párosítása leggyakrabban az SzTZ tornyokon fedezhetők fel.

This T-34 was photographed in the autumn of 1942, but features a winter 1941/42 production STZ hull, as indicated by the five bolts securing the hull machine gun mount and the 'hammer' style tow hooks. The turret is a late spring 1942 production example however, with flat armor plates on the lower sides of the front 'cheeks' either side of the mantlet. Note the PT-K periscope and Mk4 vision device on the turret roof, a combination most often seen on STZ turrets.

Német katonák túl optimista csoportja egy Sd.Kfz. 10 féllánctalpassal próbál meg kivontatni egy elakadt T-34-et. Alapesetben az Sd.Kfz. 10-et könnyű és közepes tüzérségi eszközök vontatására használták. Magának a járműnek 3,7 tonna volt az összsúlya, és 1 tonnás vontató-kapacitással bírt. Valószínűtlen, hogy sikerrel jártak a 27 tonnás, sárba ragadt T-34 esetében. A harckocsi 1941 végén vagy 1942 elején készült az SzTZ-nél. Figyeljük meg a valószínűleg különböző felszerelési tárgyak tárolására használt 76,2 mm-es lőszeresládákat a sárvédőn!

A very optimistic group of German soldiers attempt to recover a bogged down T-34 with an Sd.Kfz. 10 half-track normally used to tow light and medium artillery pieces. The Sd.KFz.10 with its gross weight of 3.7 tons and its rated towing capacity of only 1 ton, is unlikely to successfully tow the 26-ton T-34 out of its muddy resting place. The T-34 is a late 1941/early 1942 production example from STZ. Note the 76.2mm ammo crates on the T-34's fenders, probably used for stowage.

42

Két SzTZ gyártású T-34 hever a hátrahagyott járművek között. Mindkét harckocsi fém futógörgőkkel rendelkezik, a bal oldalon lévő jármű tornyának jobb oldalán jól látható az Mk4 figyelőkészülék. A jobb oldali T-34 hátsó sárhányóján lévő tartók egy fából készült hasábot tartottak, amelyet az elakadt jármű kivontatásánál használtak. Ugyanilyen hasábot szereltek a másik sárvédőre is. A későbbiekben ezeket a fahasábokat már nem helyezték el a harckocsikon, mert nem bizonyultak alkalmasnak a feladatra.

Two T-34s from STZ lay among a larger group of abandoned vehicles. Both T-34s feature all-steel road wheels, and the Mk4 vision device can be seen on the right-hand side of the turret of the vehicle on the left. The bracket on the rear fender of the right-hand vehicle was for mounting a wooden block, used to assist in unditching when bogged down. Another identical block was mounted on the other fender. The blocks were found to be ineffective and were deleted from later vehicles.

43

Úgy tűnik, ez a T-34 aknára futott a Bolsije Gorbij közeli mocsaras területen, a Szovjetunió északnyugati részén. A homlok- és oldalpáncélzat kapcsos illesztése, illetve a fém futógörgők alkalmazása arra utalnak, hogy a harckocsit az SzTZ-nél gyártották. A robbanás ereje levetette a jobb oldali második futógörgőt. A fém futógörgők a gumírozott görgők 150 mm-es szélességével szemben csak 100 mm szélességűek voltak.

This T-34 has apparently hit a mine in muddy terrain near Bol'shiye Gorby in northwestern Russia. The lapped joint on the front corner of the hull, combined with the all-steel road wheels, indicates that this is an STZ production example. The explosion has blown off the second road wheel on the right-hand side of the vehicle. The all-steel road wheels featured a narrower 100mm tread on each half of the wheel, compared to 150mm for the rubber tired wheels.

44

Mocsaras talajon elakadt, SzTZ gyártású T-34. Figyeljük meg a torony tetőlemezének vízszintes hátsó részét (a többi változatnak ez a része is döntött volt), illetve a páncéltest és homlok-lemezének kapcsos illesztését! A páncéltest hátuljára írt felső szöveg németül olvasható, a többi (a tornyon és a váltómű szervíznyílásán) oroszul. Az utolsó lengőkaron fém futógörgő látható, ami arra utal, hogy a harckocsit 1941 végén, vagy 1942-ben gyártották.

An STZ-manufactured T-34 lays bogged down in muddy terrain. Note the horizontal (rather than sloped) rear section of the roof, and the lapped joint on the rear corner of the hull. The inscription on the upper rear hull appears to be German, though those on the transmission inspection hatch and the turret side appear to be in Russian. Note also the all-steel road wheel visible on the rearmost station, marking this as a late 1941 or 1942 production example.

45

Újfent két erdős területen magára hagyott T-34. A jobb oldali jármű egy korai SzTZ gyártású, gumírozott futógörgőkkel felszerelt páncéltest és egy későbbi, a 264. számú gyár által gyártott, egyszerűsített „Barrikagyi" lövegpajzzsal készült torony kombinációja. A másik járművön fém futógörgők vannak, ezeket mind az SzTZ, mind a 183. számú gyár alkalmazta. A torony lekerekített sarkai viszont azt sugallják, hogy a 183. számú gyárban készült, miután azt áttelepítették Nyizsnyij Tagilba.

Two more T-34s lay abandoned in wooded terrain. The vehicle at right combines an early production STZ hull with rubber-tired road wheels, with a later turret from Factory 264 featuring the distinctive 'Barrikady' simplified mantlet. The other vehicle carries all-steel road wheels but these were fitted at both STZ and Factory 183. The curved rear corners of the turret suggest that the turret at least was manufactured at Factory 183 after its relocation to Nizhny Tagil.

A képen két, SzTZ által gyártott megsemmisült T-34 látható. A közelebbi jármű öntött tornyára pótpáncélzatot erősítettek, a páncéltestre azonban nem került ilyen kiegészítő védelem. A páncélzat ilyen szintű törését sok más mellett az is okozhatta, hogy az acél ötvözésekor nem használtak elegendő mennyiségű magnéziumot. Úgy tűnik, hogy a torony hátsó sarkánál is becsapódott egy találat, közvetlenül a pótpáncélzat mellett.

This photo shows another pair of destroyed T-34s from STZ. The nearest vehicle carries applique armour on the sides of the cast turret, but not on the hull. A hit to the glacis has completely fractured the armour plate. Several causes including insufficient amounts of manganese could result in brittle steel that would crack under the impact of hostile fire. There appears to be another hit on the rear corner of the turret, just aft of the applique armour.

Két kilőtt T-34 egy árokban. Mindkét harckocsit az SzTZ gyártotta. A hátul álló járművet a válltómű szögletes szerelőnyílásáról és a toronytető vízszintes hátsó eleméről lehet beazonosítani. Az előtérben lévő T-34 tornyán valószínűleg pirossal felfestett „2" harcászati azonosítószám és egy kör alakú harcászati vagy alakulatjelzés látható. A jármű mellett egy korai, gumírozott láncfeszítőkerék hever, bár magán a harckocsin fém futógörgők vannak.

Two T-34s lay knocked out in a ditch. These are both from STZ. The rearmost vehicle is identifiable by the rectangular transmission inspection hatch and the horizontal rear section of the turret roof. The foremost vehicle carries a tactical number '2' possibly in red, and also what may be the remains of a circular tactical or unit insignia on the forward part of the turret. An early rubber tired sprocket or idler lays beside the vehicle, though it carries all-steel road wheels.

Ezen a fényképen közelebbről is megvizsgálhatjuk az előző oldalon elöl álló járművet. A motor ellenőrzőnyílása nyitva és hátra hajtották a szellőzőrácsra. A páncéltest oldalán láthatók a külső üzemanyagtartályok rögzítőpontjai. A hátsó tartók közül az utolsó kettő hosszabb és közelebb vannak egymáshoz, hogy a tartály szögben álljon, míg az első négy tartó ugyan-akkora, hogy a rászerelt tartály párhuzamosan felfeküdjön a páncéltest oldalára. Figyeljük meg, ahogy a harckocsi oldaláról leolvadó hó ráfagyott a lánctalpra!

This photo provides a closer look at the foremost vehicle in the previous photo. The engine inspection hatch is open and lays flat against the exhaust air grill. The hull sides bear mounting brackets for external fuel tanks, though the rear brackets are longer and closer together to mount the tank 'on edge' while the forward brackets are configured to mount the tank flat against the hull side. Note the way the snow has melted off the hull, dripped onto the tracks and frozen again into ice.

Ismét egy SzTZ gyártású T-34 egy útmenti árokban, ezúttal „Barrikagyi" lövegpajzzsal felszerelve. Ezeket a lövegpajzsokat a sztálingrádi Barrikagyi löveggyárban készített F-34 harckocsiágyúkra szerelték fel. A legtöbb ilyen fegyvert az SzTZ-nek szállították le, bár néhány darab felkerült olyan harckocsikra is, amelyek másik gyárban készültek. Ezen a járművön a toronyra és a páncéltest elejére is felfestették egy-egy háromszögbe az alakulatjelzést, az azonosítószám pedig a torony oldalának hátsó részére került.

Another STZ production example, this one with the 'Barrikady' mantlet, lays in a roadside ditch. This mantlet was fitted to F-34 guns manufactured by the Barrikady Gun Factory in Stalingrad. Most such weapons were supplied to STZ, though a number found their way onto vehicles assembled at other factories. This vehicle carries tactical insignia in a triangle on both the front of the hull and the sides of the turret, as well as a two-digit tactical number '32' on the rear turret sides.

50

Német katonák kutatnak át egy megsemmisített T-34-et 1942 nyarán. A belső robbanás levetette a tornyot a testről és a jármű kiégését eredményezte. A hajlított acélrúdból készített kapaszkodók beszédes jellegzetességei a gorkiji 112. számú gyár által készített harckocsiknak. Ez a jármű láthatólag 1942 tavaszán készült. A torony tetején látható alkatrész valójában az egyik lengőkar tengelye, ami kirobbant a jármű belsejéből.

German soldiers examine a destroyed T-34 in the summer of 1942. An internal explosion has blown the turret off the hull and the vehicle has burned out. The handrails, made from bent steel rod, are a tell-tale feature of vehicles manufactured by Factory 112 in Gorkiy. This vehicle appears to be a spring 1942 production example. The tube projecting upward from the turret roof is an axle, attached to a suspension swing arm that has been torn from the vehicle.

Ezen a 112. számú gyár által készített T-34-en egy szükségmegoldásként felerősített, hegesztett pótpáncélzat látható, amelynek vagy a páncéltest oldalát kellett megvédenie, vagy a felültetett gyalogságot. Figyeljük meg, hogy nem csak a toronyra és a páncéltestre, de a motortérre, a váltóművet védő szellőzőrácsra és még a páncéltest tetejére is kapaszkodókat erősítettek! A váltómű jobb oldali részét a meghajtókerékkel együtt eltávolították, valószínűleg azért, hogy egy másik sérült jármű javításához használják fel.

This T-34 from Factory 112 carries what appears to be makeshift spaced armour welded to the fenders to protect the hull sides, or possibly to protect tank-riding infantry. Note the hand rails, not only on the hull and turret sides but also on the engine deck, the exhaust air grille cover over the transmission compartment and even the upper rear hull. The right-hand final drive assembly has been removed, presumably to be cannibalized onto another damaged vehicle.

Egy motorjától és váltóművétől megfosztott, a 112. számú gyárban készült elhagyatott T-34. A páncéltest hátsó részének teljes felső lemezét a csavarok eltávolítását követően le lehetett nyitni, így tökéletesen hozzá lehetett férni a váltóműhöz. A kiszerelt motor a fénykép bal oldalán látható a földön. Ebbe a harckocsiba – akárcsak a 112. számú gyárban gyártott összes T-34-be – F-34 harckocsiágyút szereltek. A gyár ugyanis csak 1941 júliusában kezdte meg a harckocsik gyártását, már azt követően, hogy az L-11 alkalmazásáról átálltak az F-34 beépítésére.

A T-34 manufactured by Factory 112 lays abandoned with its engine and transmission removed. The entire upper rear hull plate could be unbolted and swung downwards allowing full access to the transmission. The engine can be seen at the left of the photo, laying on its side. The vehicle mounts the F-34 gun, like all T-34s produced by Factory 112, which only commenced production in July 1941 after the transition from the L-11 to the F-34 gun.

Egy viseltes téli álcázású T-34 egy szénaboglya mellett. Az álcázás érdekében a harckocsira is került a szénából. A homlokpáncélra erősített kapaszkodók, a páncéltest elejének és oldalának kapcsos illesztése alapján a jármű a 112. számú gyárban készült. Figyeljük meg a vezető búvónyílásán a figyelőműszerek nyitott fedőlemezét, amely így láthatóvá teszi a készülék prizmáit, illetve a páncéltest tetejének szélére hegesztett páncélszalagot, amely a toronykoszorút védte!

A T-34 bearing very worn whitewash camouflage sits beside a snow-covered haystack. Hay has been piled on the vehicle to blend the tank in with its surroundings. The hand rails on the glacis plate and the lapped joint on the front corner of the hull identify the vehicle as a product of Factory 112. Note the raised periscope covers on the driver's hatch, revealing the periscopes beneath, and the strips of armour plate welded to the upper edges of the hull to protect the turret race.

Ez a hófedte, öntött toronnyal készült T-34 elakadt egy bombatölcsérben, és mint azt a félre-dobott önmentő farönkből kikövetkeztethetjük, ellenállt a mentési kísérletnek. A homlokpán-célra és a toronyra erősített, hajlított fémrúdból készült kapaszkodók alapján ez a harckocsi a 112. számú gyárban készült. A homlokgéppuska elől hiányzó páncélzat és az öntött torony párosítása arra enged következtetni, hogy a jármű 1941-1942 telén készült.

This snow-camouflaged T-34 with a cast turret has become stuck in a shell crater and has resisted attempts to extract it, as indicated by the unditching beam propped against the fender. The hand rails on the glacis and turret side, fabricated from bent steel rod, reveal it to be an example from Factory 112. The unarmoured hull machine gun mount and the configuration of the cast turret suggest it was produced in the winter of 1941/42.

55

Ezt a 112. számú gyárban készült, majd a németek által zsákmányolt és szolgálatba állított T-34-et végül utolérte a végzete. A jobb hátulra erősített külső üzemanyagtartály hátuljára festett fehér alakulatjelzést a német 6. páncéloshadosztály használta a kurszki hadművelet idején. A torony oldalának első felére nagyméretű hasábkeresztet, a hátsó felére háromjegyű harcászati azonosítószámot („743") festettek. A képen látható hó alapján a fénykép 1943-1944 telén készült.

This T-34 from Factory 112 has been captured, put into service by German forces but subsequently destroyed. The white marking on the rear of the right-hand external fuel tank is the divisional marking used by 6. Panzer Division at the time of the Kursk offensive. The vehicle displays a large balkenkreuz on the forward turret side and the three-digit tactical number '743' on the rear turret side. The snow on the ground suggests that this photo was taken later, in the winter of 1943/44.

A fényképen két hátrahagyott T-34 látható, mindkettő a 112. számú gyár terméke. A közelebbi harckocsi 1943 elején, a hátrébb álló, nagyobb, hatszögletű „éles szélű" toronnyal ellátott jármű 1943 késő tavaszán vagy nyarán készült. A 112. számú gyár 1943 tavaszán utolsóként állt át a nagyobb torony gyártására. Figyeljük meg a vegyesen alkalmazott „Ural" mintázatú fémgörgőket és a korábbi gyártású, gumírozott öntött futógörgőket!

This photo shows two T-34s, both from Factory 112, abandoned on the battlefield. The nearest vehicle is an example from early 1943, while the vehicle in the background is a late spring/summer 1943 production example with the larger 'hard edge' hexagonal turret. Factory 112 was the last facility to switch to the larger turret in the spring of 1943. Note the mix of all-steel 'Ural' pattern wheels and early production cast road wheels with rubber tires.

1942 elején a gyárak megkezdték a nagyobb tornyok gyártását, amelyen immáron külön-külön búvónyílása volt a parancsnoknak és az irányzónak. A képen látható harckocsi a CsTZ gyárban készült 1943 nyarán, amint az megállapítható a páncéltest lemezeinek sima illesztéséből és a vezető búvónyílása elé rögzített, páncélanyagból készült védőszalag alapján. Figyeljük meg a valószínűleg pirossal, hanyagul felfestett harcászati jelzést a torony oldalán! A jármű futóművének legelső lengőkarjára préselt gumírozású, a többire azonban fém futógörgőt szereltek.

By early 1942, factories began mounting a larger cast turret with separate hatches for the commander and gunner. This vehicle is from ChTZ in the spring or summer of 1943, as indicated by the smooth joint on the corner of the hull, and the protective strip of armour plate in front of the driver's hatch. Note the roughly painted tactical insignia on the turret side, probably in red. The vehicle carries a pressed rubber tired road wheel on the foremost station, but all-steel wheels on the others.

Ezen a képen jól megfigyelhető a nagyobb, öntött torony, amelyet a köznyelvben az első oldalfalak egyenes alsó széle miatt „éles szélű" toronynak is neveznek. Ezt a változatot egy hét részből álló öntőforma segítségével gyártották, ebből öt a toronygyűrű kialakításához kellett. A torony oldalán látható „516"-os harcászati azonosítószámot valószínűleg pirossal festették fel. Ezt a színt a jobb láthatóság miatt gyakran alkalmazták a fehérre álcázott járműveken. Figyeljük meg, hogy az antenna csatlakozópontját lezárták!

This photo provides a good view of the larger cast turret. This pattern is colloquially known among researchers as the 'hard edge' turret due to the sharp edge at the bottom of the forward turret sides. This type of turret was cast using a seven-piece mold, of which five pieces formed the turret ring. The tactical number '516' is visible on the turret side, possibly in red which was commonly used for visibility on snow camouflaged vehicles. Note the plugged port for the antenna mount.

Újabb súlyosan megrongálódott, „Ural" mintázatú fémgörgőkkel felszerelt T-34. Ezek a fém-görgők annyiban különböztek a korábbi SzTZ változattól, hogy a könnyítő furatokat megerősítő peremezéssel látták el. A legelső lengőkaron a legkorábbi változatú préselt gumírozású görgő látható, amely igen elterjedt volt 1943 nyarán. Figyeljük meg, hogy a sárvédőre rögzített tartalék lánctagra rácsavarozták a jégkaparót is! A járműről hiányzik a légkivezető fedőeleme, így jól látható a szögben rögzített lemez, amelyre azt zsanérokkal rögzítették.

Another heavily damaged T-34 carries 'Ural' pattern cast all-steel road wheels, which differed from the earlier STZ pattern by having reinforcement rings around the lightening holes. The foremost road wheel is a rubber tired cast wheel of the initial type which was common by the summer of 1943. Note the spare track link on the fender, which has an ice cleat bolted in place. The cover plate over the exhaust air outlet is missing, revealing the angled plate to which the hinges were attached.

Két hátrahagyott T-34 egy behavazott csatatéren. Mindkét járművön „éles szélű" öntött torony és vegyes futómű látható, amelyek a páncéltestre és a toronyra rögzített kapaszkodókkal, illetve a külső üzemanyagtartályokkal együtt arra utalnak, hogy a járművek a 183. számú gyárban készültek 1942 nyarán vagy őszén. Ez alapján a fénykép valószínűleg az ezt követő télen készült. A közelebbi járműben belső robbanás történt, amely leszakította a lövegpajzsot a helyéről.

Two T-34s lay abandoned on a snowy battlefield. Both vehicles mount the 'hard edge' cast turret and the combination of road wheel types along with the hand rails on the hull and turret sides and the external fuel tanks suggest that these were products of Factory 183 in the summer or autumn of 1942, which in turn suggests that the photo was taken in the winter of that year. The nearest vehicle has suffered an internal explosion that has blown the mantlet off its mounting.

Immáron az előző képen még a háttérbe szoruló harckocsi a főszereplő. Mindamellett, hogy a nagyobb öntött torony több helyet biztosított a személyzet számára, és több lőszert lehetett bemálházni, még mindig nem oldotta meg a korai T-34-ek valószínűleg legnagyobb problémáját: a parancsnoknak a harcvezetés mellett továbbra is töltőkezelőként is kellett működnie és továbbra is nagyon korlátozott volt a rálátása a harctérre. Akárcsak az előző képen látható harckocsi, ez a T-34 is a 183. számú gyárban készült 1942 második felében.

Here we see the background vehicle from the previous photo. Though the larger cast turret provided more working space for the crew and increased the ready ammunition stowage, it still did not address what was possibly the biggest weakness of the early T-34s, in that the commander still served as the loader and had only minimal visibility to the surrounding battlefield. Like the vehicle in the previous photo, this T-34 was produced at Factory 183 in the latter half of 1942.

Ismét egy „éles szélű" öntött toronnyal felszerelt, hátrahagyott T-34 egy hófedte csatatéren. A páncéltest sima élei és a páncéltestre, illetve a toronyra rögzített kapaszkodók alapján a járművet vagy a 183. számú gyár, vagy az UTZM, vagy a CsKZ gyártotta – a fénykép sajnos nem szolgál kellő mennyiségű részlettel a pontos beazonosításhoz. Figyeljük meg a harcászati jelzés nagyméretű háromszögét, benne egy cirill „B" betűvel, illetve a fölé-mellé festett „Б" betűt!

Another T-34 mounting the hard edge cast turret sits abandoned on a snowy battlefield. The smooth joint on the corner of the hull and the configuration of the hand rails on the hull and turret suggest that this vehicle came from Factory 183, UZTM or ChKZ, though the photo does not provide sufficient details for a conclusive identification. Note the large triangular tactical insignia with the Cyrillic letters 'B' in the center of the triangle and 'Б' to the upper left.

63

Ez a T-34 láthatólag elakadt a fellazult talajon, miközben megpróbálta elhagyni a folyómedret. A saját személyzete robbanthatta fel, vagy olyan átütő találatot kapott, amely levitte a tornyát. A fém futógörgők és az öntött gumírozású futógörgők kombinációja alapján a harckocsi 1942 második felében készült. Figyeljük meg az antenna csatlakozójának lezárását a páncéltest oldalán! A lövegpajzs tetejéről hiányzik az esővető lemez.

This T-34 has apparently become bogged down in soft ground while exiting a river ford, and has either been blown up by its crew or has suffered a penetrating hit that has blown the turret off the hull. The combination of all-steel and cast rubber tired road wheels identifies it as an example from the latter half of 1942. Note the plugged socket for the antenna mount on the hull side. The rain guard over the top of the mantlet is missing.

Ugyanaz a harckocsi egy másik szemszögből. Tüzetesebben megvizsgálva észrevehetjük a torony alsó és felső része közötti öntési varratot. A torony oldalán olvasható cirill felirat (Bagratyion) alapján a fénykép minden bizonnyal az ezen elnevezésű, 1944 nyarán végrehajtott szovjet támadó hadművelet idején készült. A nyitott búvónyílás fedőlemezéből kiálló drót a belső nyitószerkezet megsérült fogantyúja.

Here we see the same vehicle as in the previous photo, from a different angle. The closer view reveals the casting seam between the upper and lower portions of the turret shell. The Cyrillic inscription on the turret side reads 'BAGRATION', suggesting that this photo may have been taken during the Soviet summer offensive of that name in 1944. The wire protruding upward from the open turret hatch is the damaged remains of the internal hatch handle.

Német katonák vizsgálnak egy kilőtt T-34-et. A páncéltestre és a torony oldalaira rögzített kapaszkodók, illetve a páncéltest hátulján látható külső üzemanyagtartály alapján ezt a harckocsit vagy a 183. számú gyár, vagy az UZTM készítette 1942 végén. Figyeljük meg a páncéltest oldalán a fűrész tartóelemét! Számos kisebb rögzítőelem, mint például a vonóhorgok zárócsatja, a fényszóró és a kürt, hiányoznak a járműről.

German troops examine a knocked-out T-34. The hand rails fitted to the hull and turret sides, along with the external fuel tank visible on the rear of the hull, suggest that this was a vehicle manufactured by Factory 183 or UZTM in late 1942. Note the angled bracket on the left-hand hull side for a cross-cut saw. Many small fittings, such as the retaining clips on the tow hooks, along with the vehicle's headlamp and horn, are missing.

Egy T-34 lángol a harctéren. A páncéltest hátsó felének felső részéről hiányzó csavarozás arra utal, hogy ezt a harckocsit a 183. számú gyárban készítették, mégpedig a páncéltestről és a toronyról még hiányzó kapaszkodók alapján 1942 elején. Ugyanakkor a járművön öntött gumírozású futógörgők vannak, ami csak 1942 nyarától vált gyakorivá. Némileg szokatlan a harcászati jelzés (lekerekített sarkú háromszög és a belefestett „1"-es szám).

A T-34 burns on the battlefield. The missing bolts on the sides of the upper rear hull plate identify this vehicle as a product of Factory 183. The lack of hand rails on the hull or turret sides suggests this is an early 1942 production example, though it appears to carry a full set of cast rubber tired road wheels which did not become common until the summer of that year. The large tactical insignia '1' inside a rounded triangle is somewhat unusual.

Az előző képen szereplő T-34 korai változatú, öntött toronnyal, amelynek az oldalán fellelhető a kinézőnyílás keskeny sávja, de nem rendelkezik közelharcnyílással. Figyeljük meg, hogy a páncéltest oldalán bedugaszolták az antenna bekötési pontját, tehát a járművet valószínűleg nem látták el rádiókészülékkel! A sárvédőn látható fogazott tárgyak valójában jégkapaszkodók, amelyek laza vagy jeges talajon javították a harckocsi menettulajdonságait. A képen a korai változatok láthatóak, ezeket a középen elhelyezett egyetlen csavarral lehetett rögzíteni.

This photo shows the same T-34, an early pattern cast turret with a vision slit but no pistol port on the turret side. Note the plugged socket for the antenna mount on the hull side, which indicates that the vehicle did not carry a radio. The serrated metal objects on the fender are ice cleats, which could be bolted to the tracks to improve traction in soft or icy conditions. These are early pattern examples with a single bolt in the center.

Egy német katona pózol egy kilőtt T-34 tetején. A harckocsin a 183. számú gyár által 1942 nyarától alkalmazott korai kivitelezésű öntött torony van, amelyen még nincs oldalt közelharcnyílás. Figyeljük meg a torony tetején az egyetlen PT-4-7 figyelőkészüléket! A páncéltest sima illesztései szintén arra utalnak, hogy a jármű a 183. számú gyárban készült. A harckocsin látható lánctalpat – amelyen csak egy furat található a jégkapaszkodók felerősítésére – általában az SzTZ-vel kapcsolják össze, 1941-1942-es időszakkal.

A German soldier poses atop a knocked-out T-34. This vehicle mounts the early pattern cast turret without a pistol port in the turret side, introduced at Factory 183 in the summer of 1942. Note the single PT-4-7 periscope on the turret roof. The smooth joint on the front corner of the hull suggests that it too came from Factory 183. The tracks are of a pattern typically associated with STZ in the winter of 1941/42, with a single bolt hole for mounting an ice cleat.

Két német katona egy T-34 motorterének tetejéről figyeli meg a harcteret. A hátsó négy futógörgő az 1942 nyarától alkalmazott öntött gumírozású példány korai változata, a legelső azonban egy korábban használt préselt gumírozású. A torony oldalán olvasható cirillbetűs felirat jelentése „Sztálinért", mellette a „38"-as harcászati azonosítószám és egy alakulatjelzés látható.

This photo shows two German soldiers observing the battlefield from the engine deck of a T-34. The four rear-most road wheels are of the initial cast pattern introduced in the summer of 1942, while the foremost wheel is of the earlier pressed construction. The Cyrillic inscription on the turret side reads 'For Stalin' and is accompanied by the tactical number '38' along with what may be a unit insignia.

A gyárak 1943 közepétől megkezdték a parancsnoki kupola alkalmazását a T-34-eken. A kupolának kétfelé nyíló zárófedele volt, illetve a kupola oldalán kialakított öt kinézőrés mellett egy Mk4 figyelőkészüléket is beépítettek. A képen látható harckocsi a toronyra erősített kapaszkodók és a torony oldalán kialakított kinézőrések és közelharcnyílás elhelyezése alapján vagy a 183. számú gyárban, vagy az UZTM-nél készült 1943 tavaszán vagy nyarán.

In mid-1943, factories began to add a commander's cupola to the T-34 turrets, with split hatches incorporating a Mk4 vision device along with five vision blocks, improving the commander's vision. This vehicle was produced by Factory 183 or UZTM in the spring or summer of 1943 judging by the design of the turret hand rails and the configuration of the vision port and pistol port on the turret side, though the angle of the photo makes this difficult to determine with certainty.

Ezen a kiégett T-34-en szintén kései kivitelezésű, parancsnoki kupolával felszerelt „éles szélű" torony van közelharcnyílással az oldalán. A páncéltestre és a torony oldalára erősített kapaszkodók alapján a járművet a 183. számú gyár vagy a CsKZ gyártotta 1943 második felében. A lángok a futógörgők zöméről leégették a gumírozást, kivéve a legelső és a leghátsó görgők egy részét. A tűz meggyengítette a felfüggesztést is, így a harckocsi „leült" és alacsonyabbnak tűnik.

This burned-out T-34 also features a later pattern 'hard edge' turret with a pistol port on the turret side and a commander's cupola. The hand rails on the hull and turret sides suggest that this vehicle was produced by Factory 183 or ChKZ in the latter half of 1943. The fire has burned away the rubber tires on the road wheels, except for part of the tire on the foremost and rearmost wheels. The fire has weakened the torsion bars on the suspension and lowered the ride height of the vehicle.

Ezt a T-34-et többedmagával egy német rohamlövegosztály semmisítette meg, bár az eset helyszíne és időpontja nem ismert. A képen látható harckocsi a páncéltestre rögzített kapaszkodók alapján a 112. számú gyárban készült. A fém futógörgők az SzTZ jellegzetességei, ezek párosítása a későbbi öntött gumírozású görgőkkel, illetve az „éles szélű" toronnyal és a páncélzat nélküli homlokgéppuskával arra utal, hogy ez a jármű más harckocsikról leszerelt, kannibalizált alkatrészek felhasználásával újjáépített példány.

This T-34 was part of a group knocked out by a Sturmgeschütz unit, though the date and location are unknown. The vehicle is a product of Factory 112 as indicated by the pattern of the hand rails on the hull. The all-steel wheels appear to be the STZ pattern and the combination of these with the later cast rubber tired road wheels, plus the 'hard edge' turret and unarmoured hull machine gun mount, suggests that this vehicle has been rebuilt from cannibalized components.

Az előző képen szereplő harckocsi egyik sorstársa. A páncéltest sima illesztése és a páncélozott homlokgéppuska, illetve a vezető búvónyílása előtti páncélanyagból készült lemez alapján ez a jármű 1942 elején készült a 183. számú gyárban. Figyeljük meg, hogy az első lengőkaron korai, préselt gumírozású futógörgő van, a következő három SzTZ kivitelezésű fémgörgőt pedig egy öntött gumírozású görgő követi! Ezek alapján ez a jármű is egy újjáépített példány.

This photo shows another vehicle from the same unit. The smooth joint at the front corner of the hull, plus the armoured hull machine gun mount and the strip of armour plate in front of the driver's hatch, suggest that this is a product of Factory 183 in early 1942. Note the early pressed rubber tired road wheel on the foremost station, combined with the STZ pattern all-steel wheels and a cast rubber tired wheel on the rear station, again suggesting the vehicle is a rebuild.

74

A felső farpáncél széleiről hiányzó középcső csavar és a három alsó zsanér (a középső hiányzik, de a helye látható) alapján ez az 1942-es gyártású T-34 készülhetett a 183. számú gyárban, a CsKZ-nél vagy az UZTM-nél is. A járművön a látható fémgörgők a könnyítőfuratok peremezéséről felismerhető „Ural" változatok, a leghátsó, leégett gumírozású görgő pedig a korábbi préselt típus.

The missing central bolt on each side of the upper rear hull plate and the three hinges (the middle one has been blown away but its attachment point is visible) identifies this T-34 as coming from Factory 183, ChKZ or UZTM in 1942. On this vehicle, the visible all-steel wheel is of the 'Ural' pattern as indicated by the raised rims around the lightening holes, though the rearmost rubber tired wheel with its tire burned away is of the earlier pressed type.

Német katonák vizsgálják az előzőekben bemutatott megsemmisített harckocsik egy újabb példányát. Ennek a járműnek az első lengőkarján „Ural" típusú fémgörgő látható, s ez a páncélzat nélküli homlokgéppuskával együtt arra utal, hogy ez a T-34 1942 elején készült, valószínűleg a 183. számú gyárban. Figyeljük meg az antenna bedugaszolt csatlakozó-pontját! Úgy tűnik, a harckocsit egy átütő találat érte a páncéltest felső szélén, valamivel az antennacsatlakozó mögött.

German soldiers examine another vehicle from the same unit. This one carries a 'Ural' pattern all-steel road wheel on the foremost station, and the unarmoured hull machine gun mount suggests that it was an early 1942 production example, possibly from Factory 183. Note the plugged socket for the antenna mount on the hull side. The vehicle appears to have taken a penetrating hit at the upper edge of the hull, just aft of the antenna socket.

76

Az előző képen látható harckocsi egy másik szemszögből. Jól megfigyelhető a páncélzat nélküli homlokgéppuska és a homlokpáncélra erősített kiegészítő páncélzat. A nem az egész homlokfelületet takaró lemez alkalmazása azt sugallja, hogy azt egy becsapódás javításaként erősítették fel a járműre. A sérült és kilőtt járműveket a legtöbbször kijavították és ismét szolgálatba állították, feltéve ha nem égtek ki, a tűz ugyanis tönkreteszi a páncélzat összetételét.

This photo shows the same vehicle from a different angle, and provides a good view of the unarmoured hull machine gun mount and the applique armour welded to the glacis plate. The incomplete coverage suggests that the armour may have been added to repair the vehicle after it was knocked out. Damaged or destroyed vehicles were often repaired and returned to service, provided they did not burn since fire destroyed the integrity of the armour plate.

77

A gyártás leegyszerűsítése végett 1942 közepén megváltoztatták az öntött torony kialakítását. Az elülső rész alsó peremét lekerekítették, ami lehetővé tette, hogy a korábbi hét öntőforma helyett immáron csak kettőre legyen szükség. Ezeket a tornyokat „átmenetes"-ként tartják számon a kutatók. Ezen a menthetetlenül megsüllyedt T-34-ről készült képen jól látható a torony lekerekített pereme és az alsó, illetve felső toronyrész közötti öntési varrat.

In mid-1942, the design of the cast turret was modified to simplify production. The lower edges of the forward turret sides were rounded, allowing the turret to be cast from a two-part mold rather than the earlier seven-part mold. Such turrets are typically known as 'soft edge' turrets among researchers. This photo of a thoroughly bogged T-34 clearly shows the rounded lower edge and the casting seam between the upper and lower halves of the turret shell.

Német katona pózol egy sérült, vontatásra előkészített T-34-en. Figyeljük meg, hogy a leg-
első lengőkarról hiányzik a futógörgő, illetve, hogy a másodikról hiányzik a külső görgő! A
kapaszkodók kivitelzése és a páncéltest elejének sima illesztései alapján a harckocsit a 174.
számú gyárban készítették, valószínűleg 1942-1943 telén. A hátsó sárvédőre szerelt külső
üzemanyagtartályon és a hűtőrácson téli álcafestés maradványait fedezhetjük fel.

A German soldier poses with a damaged T-34 that has been rigged for towing. Note the
missing foremost right-hand road wheel and the missing rubber tires on the outer halves
of the second and fourth road wheels. The style of the hand rails and the smooth joint on
the forward corner of the hull mark this as a Factory 174 vehicle, probably from the winter
of 1942/43 since it appears to carry the remnants of snow camouflage on the rear fender-
mounted external fuel tank.

Egy igencsak fázósnak tűnő német katona pózol egy behavazott úton hátrahagyott T-34-en. A kapaszkodók nélküli, „átmenetes" toronnyal készült harckocsi 1942 közepén készült, bár a lánctalpai az 1941-1942 telére jellemző „Ural" változatok. A torony oldalára festett felirat (Moszkov…) vége a fénykép készítésének szöge miatt sajnos nem látható.

A rather uncomfortable-looking German soldier poses beside a T-34 that lays abandoned on a snow-covered road. The soft edge cast turret without hand rails marks the vehicle as a mid-1942 example, but it carries the 'Ural' pattern tracks typically associated with vehicles from the winter of 1941/42. These tracks were commonly used until late in the war, however. The inscription on the turret side reads 'Moscow…' but the latter part is obscured by the angle of the photo.

A fénykép sajnos olyan szögből készült, hogy nem lehet eldönteni, vajon „éles szélű" vagy „átmenetes" toronyot látunk-e. A torony tetején, a két búvónyílás közötti csavarozott panel azonban arra utal, hogy a toronyot az UZTM gyártotta. A páncéltest részletei megfelelnek a 183. számú gyár, a CsKZ és az UZTM által 1942-től egységes kivitelezéssel készített példányoknak. Figyeljük meg az „Ural" típusú futógörgőket és a legelső lengőkarra szerelt öntött gumírozású görgőt, illetve a hiányzó külső üzemanyagtartály tartóit a sárvédő hátsó részén!

The angle of the photo does not reveal whether this is a hard edge or soft edge turret, though the bolted panel between the two turret hatches suggests this was a UZTM turret. The hull details match the unified hull manufactured at Factory 183, ChKZ and UZTM from 1942 onward. Note the 'Ural' pattern road wheels with a rubber tired cast road wheel on the foremost station, and the mounting bracket for the missing external fuel tank on the rear fender.

81

Erről a T-34-ről hiányzik a motortér és a légkivezető fedőlemeze. A járművet lecsupaszították, valószínűleg pótalkatrészként használták fel a darabjait: a lánctalpakat, a meghajtókerekeket és a páncélozott főelemeket. Figyeljük meg, hogy a második futógörgőről hiányzik a kerékagy borítása, és így látható a tengelycsonk! A harckocsin „átmenetes" öntött torony látható, ami a kapaszkodókkal együtt arra utal, hogy vagy a 183. számú gyárban, vagy a CsKz-nál, vagy az UZTM-nél készült, valószínűleg 1943 tavaszán. A tornyon a „Bagratyion" felirat olvasható.

This destroyed T-34 lacks its engine deck and the cover over the exhaust air outlet. It has been thoroughly stripped, presumably for spare parts, losing its tracks, drive sprockets and armoured exhaust covers. Note the missing hub cap on the second road wheel, exposing the stub axle. The vehicle mounts a soft edge cast turret and the hand rails suggest that it came from Factory 183, ChKZ or UZTM, likely in the spring of 1943. The turret side inscription reads 'Bagration'.

Egy megsemmisített T-34 egy korábban a németek által zsákmányolt és szolgálatba állított, felborult Renault tehergépkocsi mellett. A harckocsi 1943 elején vagy közepén készült, valószínűleg az UZTM-nél. Figyeljük meg a szellőzőrács „zongorazsanér" reteszeit és a kipufogók vastagabb, 40 mm-es takaróelemét. A bal oldai külső üzemanyagtartályt az 1943-ban, illetve az 1944 elején készült példányokra jellemezően a páncéltest hátsó felének első részére helyezték fel.

This destroyed T-34 lays beside an overturned Renault truck presumably captured and used by German forces. The T-34 is an early to mid-1943 example, probably from UZTM. Note the 'piano hinge' latches used to secure the exhaust air cover, and the thicker 40mm armoured covers over the exhausts. The external fuel tank on the left side of the vehicle is in the forward position, typical of 1943 and early 1944 production.

Ugyanaz a harckocsi hátulról. Figyeljük meg, hogy a farpáncélzat felső lemezét három helyett csak két zsanér rögzíti, ami sokkal inkább volt jellemző az UZTM-re, mint a 183. számú gyárra vagy a CsKz-ra! A fényképen jól kivehető a kipufogók vastagabb védőborítása, amelyeken a csavarok helyét kikönnyítették. Ez utóbbi megoldás lehetővé tette a gyártók számára, hogy ugyanazt a csavarméretet alkalmazzák, mint korábban. Érdekes megnézni maguknak a kipufogóknak a hegesztési varratát is.

This photo shows the same T-34 from the rear. Note the two, rather than three, hinges at the lower edge of the upper rear hull plate, suggesting that this was a UZTM vehicle rather than one from Factory 183 or ChKZ. The photo provides a good view of the thicker armoured exhaust covers, with thinner sections around the attachment bolts which allowed factories to use the same bolts as on the original covers. Note the weld seams on the exhaust pipes themselves.

84

Ezen a fényképen kiválóan megfigyelhetjük az „átmenetes" tornyok megkülönböztető jellegze-
tességét, a torony elülső részének lekerekített alsó peremét. A futógörgők körül felgyülemlett
kupacok a kigyulladt járműről leolvadó gumírozás maradványai. Egyes gyártók, mint az UZTM
és a CsKZ még 1943-ban is alkalmazta a préselt gumírozású futógörgőket. A lövegpajzs
elejére írt felirat sajnos kiolvashatatlan.

This photo provides an excellent view of the distinguishing characteristic of the soft edge
turret – the rounded lower edge of the forward turret sides. The piles of white ash around the
wheels are the remnants of the rubber tires from the road wheels, burned away when the vehicle
caught fire. Certain factories such as UZTM and ChKZ used the pressed steel road wheels
well into 1943. Note the inscription on the front of the mantlet which is unfortunately illegible.

Ezzel a T-34-gyel egy belső robbanás végzett, amely lerepítette a tornyot és a toronygyűrűt is kimozdította a helyéről. A farpáncél felső lemezére erősített íves fémszalagok feladata nem egyértelmű, bár úgy tűnik, a két alsó pánt érintkezik a felsőkkel és tartják azokat, így elképzelhető, hogy külső üzemanyagtartályok tábori körülmények között készített tartói. Figyeljük meg, hogy a kipufogók védőborítása az eddig látottaktól eltérő, egyre gyakoribbá váló, hullámos szélű típus!

This T-34 has suffered an internal explosion that has blown the turret off the hull and displaced the turret ring too. The purpose of the curved metal straps on the upper rear hull plate is unclear, though the two lower straps appear to join and support the upper ones. It is possible that they may have been improvised supports for fuel drums. Note that the vehicle carries an alternative and more common form of the thicker 40mm armoured exhaust covers, with crenelated edges.

T-34-ek oszlopa készül menetre a hóborította terepen. Figyeljük meg a legközelebbi járművön a külső üzemanyagtartályok szokatlan elrendezését: a bal oldai sárvédő felett a szokásos egy helyett két tartály látható, míg a jobb oldalon pedig a felépítmény hátsó részének első felére van felrögzítve egy tartály! Az üzemanyag áttöltését vödrökkel és tömlőkkel oldották meg, mivel a külső tartályok nem voltak bekötve az üzemanyagrendszerbe.

A column of T-34s prepares to move out on a road march in snow-covered terrain. Note the unusual configuration of external fuel tanks on the nearest vehicle, which appears to carry two cylindrical tanks on the left-hand fender rather than the usual one, and also carries a tank mounted forward alongside the turret on the right-hand fender. Buckets and hoses were used to transfer fuel and oil from external to internal tanks, since the external tanks were not plumbed into the fuel system.

Ezt a T-34-et Harkov egyik utcáján hagyták hátra 1943 elején. Valaki kipakolta a harckocsi lőszerkészletét a küzdőtérből, azt azonban nem tudni, hogy ezt a szovjetek vagy a németek tették-e. A farpáncél felső részén a nyitott ellenőrzőnyílás lehetővé teszi, hogy szemügyre vegyük a fedelet tartó, furatokkal ellátott fémgyűrűt. A nyílásban látható kör alakú tárgy a motor elektromos indítómotorja, amelyet a váltómű tetejére szereltek.

This T-34 lays abandoned on a street in Kharkov in early 1943. Someone has removed a quantity of ammunition from the fighting compartment though it is unclear whether this was done by Soviet or German forces. The open inspection hatch on the upper rear hull plate shows the ring of tapped holes that secured the hatch. The cylindrical device visible through the aperture is the electric starter motor for the engine, which was mounted on top of the transmission.

A képen látható növényzet alapján ez a T-34 már egy ideje mozdulatlanul állhat itt. A futómű zömét az „Ural" típusú fémgörgők adják, de az első lengőkarra a jobb menetteljesítmény érdekében öntött gumírozású görgőt szereltek. A torony oldalán olvasható felirat ('Moszkovszkij Kolhoznyik') alapján elképzelhető, hogy a harckocsi legyártását egy közösség adománya fedezte.

This snow-camouflaged T-34 has evidently been in place for some time, given the foliage evident on the trees in the photo. It carries a mixed set of 'Ural' pattern all-steel wheels with a cast rubber tired road wheel on the foremost station for improved ride. The turret side inscription loosely translates as 'Moscovite Collective' suggesting the tank was part of a group funded by public donations.

Német páncélosok pózolnak zsákmányolt T-34-ükön. A járműre a zsákmányolt technikákra jellemzően feltűnő hasábkereszteket festettek, hogy elkerüljék a baráti tűz okozta baleseteket. A tornyon parancsnoki kupola és két PT-K figyelőműszer látható. Ez a párosítás a 183. számú gyár által 1943 végén és 1944 elején gyártott járművek jellegzetessége, ezt követően a gyár átállt a T-34/85 gyártására.

German tank crewmen pose with their captured T-34. The vehicle is prominently marked with balkenkruzen as was common with captured vehicles to avoid accidental 'friendly fire' incidents. The turret features a commander's cupola along with two PT-K periscopes on the turret roof, a combination of features seen on vehicles from Factory 183 in late 1943 and early 1944, before the factory switched to T-34/85 production in March 1944.

T-34-ek gördülnek végig az ukrajnai Lvov (napjainkban Lviv) városán 1944 nyarán. A civilek jelenléte és a harckocsizók nyugodt viselkedése azt sugallja, hogy a fénykép a harcoktól távol készült. A farpáncél felső lemezének alsó szélén látható zsanérok alapján a közelebbi jármű a 112. számú gyárban készült. A sötét foltok a kipufogók alatt az azokból kiáramló korom és olaj nyomai. A T-34-eket hajtó V-2 dízelmotor hírhedten pazarolta a motorolajat.

T-34s roll through Lvov (now Lviv), Ukraine in the summer of 1944. The presence of civilians and the relaxed attitudes of the crewmen suggest that the photo was taken well away from hostile action. The wide hinges on the lower edge of the upper rear hull plate indicate that the nearest vehicle came from Factory 112. The dark stains are soot and oil from the engine exhausts. The V-2 diesel engines that powered the T-34 were notorious for burning oil.

Német katonák egy kilőtt T-34 által nyújtott előnyös pozícióból fürkészik a csatateret. A harc-kocsin az UZTM által gyártott, különlegesen jellegzetes, „Uralmas" torony látható. Ezeket a toronyokat az UZTM változaton alkalmazták, bár szállítottak belőle a 183. számú gyárba is. A préselt fémgörgők az első és utolsó lengőkaron arra engednek következtetni, hogy ez a jármű az UZTM gyártmánya. Úgy tűnik, a harckocsiról hiányzik a szellőző fedőlemeze.

German troops observe the battlefield from the vantage point of a knocked-out T-34. This vehicle carries the distinctive stamped 'Uralmash' turret produced by UZTM with its heavy drop forge. These turrets were fitted to hulls produced by UZTM but were also supplied to Factory 183.The pressed steel road wheels on the foremost and rearmost stations suggest this is a UZTM example. The vehicle appears to be missing the cover over the exhaust air outlet.

A fényképen különböző gyártási időszakokban készült T-34-ek sorakoznak. A legközelebbi jármű a 183. számú gyárban készült 1943-ban. A következő példány az SzTZ 1942-es gyártmánya. A harmadik a 183. számú gyár 1941-1942-ben készült harckocsijának tűnik, míg a negyedik szintén a 183. számú gyár 1943-as gyártmánya. Figyeljük meg a legközelebbi járművön vegyesen alkalmazott fém és gumírozott futógörgőket! A menettulajdonságok javítása érdekében az első és az utolsó lengőkaron gyakran gumírozott görgőket használtak.

This photo shows agroup of T-34s from different periods. The closest vehicle is a 1943 example from Factory 183 with a laminate turret. The next vehicle is a 1942 example from STZ. The third appears to be from Factory 183 in 1941/42, while the fourth appears to be another Factory 183 product from 1943. Note the mix of all-steel and rubber tired road wheels on the closest vehicle. Rubber tired wheels were often placed on the first and last stations on each side to improve the ride.

Feltehetően ludovikás hallgatók egy csoportja pózol egy cél-tárgynak használt kilőtt T-34/85-ön Várpalota közelében, 1944. július 19-én. A T-34/85 gyártása 1944 januárjában kez-dődött a 112. számú gyárban. Ekkor még a 85 mm-es D-5T harckocsiágyút építették be a harckocsikba, ám a következő hónapban már elkezdték a ZiSz-S-53 löveg alkalmazását is, amely végül áprilistól már teljesen átvette a D-5T helyét. A képen látható járműbe már a ZiSz-S-53 került, és a torony emelőgyűrűi alapján 1944 február-márciusában készült a 112. számú gyárban.

A group of Hungarian soldiers pose with a knocked-out T-34/85 near Várpalota, Hungary on 19th July 1944. The T-34/85 began production in January 1944 at Factory 112, armed with the 85mm D-5T gun, but the ZIS-S-53 gun began to supplement the D-5T in the following month and eventually replaced it by April. This vehicle is armed with the ZIS-S-53 and the design of the turret lifting rings identifies it as a product of Factory 112 in February/March 1944.

93

94

Kiégett T-34/85 egy pályaudvaron 1944 augusztusában. A harckocsi a torony jobb olda-
lán, az emelőkampó alatt kapott találatot. A háttérben álló tehervagonra festett „Deutsche
Reichsbahn" jelzés alapján a fénykép Németországban készült. Mivel a harckocsi körül nem
látszik törmelék, feltételezzük, hogy mint zsákmányolt járművet szállították Németországba
technikai kivizsgálásra.

A burned out T-34/85 sits in a rail yard in August 1944. The vehicle has taken a penetration
to the right hand side of the turret below the lifting hook. The Deutsche Reichsbahn insignia
on the freight car in the background suggests that the photo was taken in Germany, and the
lack of debris around the T-34 leads the author to believe that this vehicle may have been
shipped back to Germany for technical evaluation after being captured.

A németek, akárcsak a T-34 korábbi változatait, a zsákmányolt T-34/85-öket is szolgálatba állították, mivel saját iparuk nagy nehézségek árán is csak a veszteségek egy részét tudta pótolni. Ezt a Magyarországon, 1944. december végén lefényképezett T-34/85-öt a páncéltest oldalára rögzített kapaszkodók elhelyezése alapján a 112. számú gyárban készítették. Figyeljük meg a feltűnő hasábkereszteket a páncéltesten és a tornyon, illetve a homlokpáncélra rögzített tartalék lánctagokat, amelyeket valamiért letakartak egy ponyvával!

Like the earlier T-34s, German forces often pressed captured T-34/85s into service, since German industry was hard-pressed to replace equipment losses. This T-34/85, photographed in Hungary in late December 1944, was produced by Factory 112 as indicated by the configuration of the hand rails on the hull sides. Note the prominent white balkenkruzen on the hull and turret, and the spare track links mounted on the glacis, which for some reason are covered with a tarpaulin.

Ugyanaz a jármű a másik oldalról fényképezve. Figyeljük meg a lövegpajzs „gallérjának" lekerekített részét a cső körül, amely a ZiSz-S-53 löveg jellegzetessége volt! A D-5T lövegpaj-zsa kisebb, sima „gallérral" rendelkezett. A járművön az „506"-os harcászati azonosítószám látható, az alakulatot azonban nem ismerjük. A T-34/85-ök rádióját 1944 február-márciusától a toronyban helyezték el, így annak antennája a torony tetőlemezére került.

This photo shows the other side of the same vehicle. Note the rounded front edge of the mantlet around the gun barrel, an identifying feature of the ZIS-S-53 gun. The D-5T gun had a shorter mantlet with a flat circular collar around the base of the gun barrel. The vehicle carries the three-digit tactical number '506' though its parent unit is unknown. Note also the radio antenna mount on the turret. The radios on T-34/85s were moved to the turret in February/March 1944.

Német katona vizsgál át egy kiégett, „723"-as harcászati azonosítószámot viselő T-34/85-öt Majkpusztánál 1944-1945 telén. A harckocsi mellett heverő sílécek és a járműnek támasztott síbotok alapján elképzelhető, hogy a katona egy hegyivadász alakulat tagja. A T-34/85-ön több különböző mintájú, öntött gumírozású futógörgő van, bár a gumírozás a leghátsó görgő kivételével mindegyikről leégett. A meghajlított fémtárgy a páncéltest oldalán a fűrész tartóeleme.

A German soldier inspects a burned-out T-34/85 with the three-digit tactical number '723' in a snowy Hungarian field in the winter of 1944/45. The skis on the ground beside the vehicle suggests that this soldier may be part of a Gebirgsjäger unit. The T-34/85 carries cast rubber tired road wheels of several different patterns, though the rubber has burned away from all but the rearmost wheel. The bent metal strip on the hull side is a mounting bracket for a cross-cut saw.

98

Két megsemmisített T-34/85. A közelebbi jármű tornyát átütötte egy találat, amely katasztrofális belső robbanást okozott, és nem csak levetette a tornyot a helyéről, de annak tetőlemezét is lerobbantotta. Figyeljük meg a torony felső részére előre és hátulra hegesztett emelőkampókat! Ezek a torony egyenes öntési varratával együtt arra utalnak, hogy ez a harckocsi a 183. számú gyárban készült, amely 1944 márciusától kezdte meg a T-34/85-ök leszállítását.

Two destroyed T-34/85s lay in a field. The nearest vehicle has suffered a penetrating hit to the turret side, followed by a catastrophic internal explosion that has not only blown the turret off the hull but has also torn away the entire turret roof plate. Note the strip steel lifting hooks welded to the upper turret sides, front and rear. These, along with the straight casting seam on the turret, suggest that this vehicle came from Factory 183, which began delivering T-34/85s in March 1944.

Német katonák haladnak el egy hátrahagyott T-34/85 mellett. A harckocsin a 183. számú gyár „lapított" tornya látható. Az egyes gyáraknak az eltérő öntési technológiák és kapacitások miatt saját változatú tornya volt, ami nagyban segítheti az adott járművek beazonosítását. Figyeljük meg a homlokpáncélon látható csillagba festett sarlót és kalapácsot és a torony oldalára festett, valószínűleg fehérrel vagy sárgával keretezett vörös csillagot!

German troops pass an abandoned T-34/85. The vehicle mounts the 'flattened' style turret produced by Factory 183. Due to differences in casting techniques and capabilities, each factory had its own different turret patterns, which are often useful in identifying the origin of particular vehicles. Note the hammer and sickle inside the star insignia on the glacis plate and the stars, presumably in red outlined with white or yellow, on the turret sides.

A 3. „Totenkopf" SS-páncéloshadosztály egyik tartalék lánctagokkal megpakolt Pz. IV-e halad el egy kilőtt T-34/85 mellett a magyarországi Bajnán, 1945. január elején. A T-34 farpáncélján nagyméretű zsanérok láthatóak, amely arra utal, hogy a harckocsi a 112. számú gyárban készült. Az oldalra szerelt külső üzemanyagtartály alapján a gyártás időpontja 1944-1945 tele. Az előtérben látható tárgyak egy másik megsemmisített T-34 futógörgői és lengőkarja.

A Pz.IV from the 3. SS-Pz.Div 'Totenkopf', heavily covered with spare track links, moves past a knocked-out T-34/85 in Bajna, northern Hungary in early January 1945. The T-34 appears to carry wide hinges on the base of the upper rear hull plate, suggesting it is a product of Factory 112, and the position of the external fuel tank on the far side suggests it is a winter 1944/45 example. The objects in the foreground are road wheels and a suspension swing arm from another destroyed T-34.

Ez a T-34/85 olyan katasztrofális találatot kapott, amely szó szerint szétvetette a jármű teljes hátsó részét. A lövedék valószínűleg a páncélteknő alsó farlemezén hatolt át és eltalálta a váltóművet, szétrepesztette annak öntött blokkját és magában a váltóműben robbant fel. A nagyméretű, kör alakú tárgy a fénykép közepén a motor hátuljára erősített ventilátor dobja, amely a váltóműtér tetején és a motoron keresztül vezette át a levegőt.

This T-34/85 has suffered a catastrophic hit that has literally torn the rear of the vehicle apart. The round presumably entered through the lower rear hull and hit the transmission, fracturing the cast housing and exposing the inner workings of the transmission itself. The large circular object in the center of the photo is the drum fan mounted on the rear of the engine, which drew air through the engine compartment and out through the top of the transmission compartment.

102

Egy kiégett T-34/85 Budapesten, a Vérmező mellett 1945-ben. A harckocsit valószínűleg a 174. számú gyárban készítették. A jármű elveszítette a jobb oldali láncfeszítőkerekét és annak blokkját, így látható a fogazott elem, amely azt a helyén tartotta és amelynek segítségével be lehetett állítani a lánctalp feszességét. Figyeljük meg az antenna eredeti csatlakozójának kör alakú lemezzel lezárt nyílását! A jobb oldalon látható fejreállított jármű egy Sd.Kfz. 251 közepes lövészpáncélos.

Here a T-34/85, likely a product of Factory 174, lays burned out in a street in Budapest, Hungary in 1945. The vehicle has lost its right-hand idler wheel and mount, exposing the toothed boss on which the mount itself sat, and which allowed the idler wheel to be adjusted, regulating the track tension. Note the circular plate blanking off the original hull-side radio antenna mount. The overturned vehicle on the right appears to be a German Sd.Kfz.251 half-track.

103

Ez a T-34/85 minden bizonnyal elakadt, miközben egy útszéli árkon akart átkelni Magyarországon, 1944-ben. A lánctalpak gyakorlatilag elkaparták a földút egy részét, miközben a vezető megpróbálta kimenekíteni a járművet. A torony a 183. számú gyár kései „lapított" változatának tűnik. A páncéltest szintén kései gyártású, a páncéltest oldalán nyoma sincs az antenna eredeti csatlakozójának. Figyeljük meg a leszerelt külső üzemanyagtartályt, amely így láthatóvá teszi a rögzítőpontokat és a rögzítő fémszíjakat!

This T-34/85 appears to have become bogged down while crossing a roadside ditch in Hungary, 1944. The tracks have gouged away part of the dirt road in the driver's attempts to free the vehicle. The turret appears to be a late pattern 'flattened' turret from Factory 183. The hull is also a later production example and lacks any trace of the original antenna mount on the hull side. Note the detached external fuel tank, revealing its mounting brackets and the metal retaining straps.

Szovjet gyalogosok igyekeznek felszállni a T-34/85-ök egy csoportjára. A legközelebbi jármű hátsó részére egy főzőüstöt erősítettek. A harckocsin láthatóak az MDSz füstfejlesztő kannák bekötő kábelei is, bár maguk a füstfejlesztők nincsenek felszerelve. Ez a T-34/85 vagy a 174. számú vagy a 183. számú gyárban készült, ám a katonák és a felszerelések eltakarják a legtöbb olyan jellegzetességet, amelyek alapján jobban be lehetne azonosítani.

Soviet infantry rush to board a group of T-34s. Note the presence of a cooking stove mounted on the upper rear hull of the nearest vehicle, which also features the mounting brackets for MDSh smoke canisters along with the conduits for the electrical ignition system, though the canisters themselves are absent. The vehicle is a product of Factories 174 or 183, but the troops and stowage obscure many of the distinguishing details that would better identify it.

Szovjet harckocsizók beszélgetnek civilekkel egy sérült T-34/85 mellett. A harckocsi elveszítette a legelső futógörgő külső felét, így láthatóvá vált a kerékagy – bár annak fényes felülete azt sugallja, hogy a személyzet épp a görgő cseréje közben állt le diskurálni az emberekkel. A lánctalpnak azt a részét, ami közvetlenül a sérült görgő felett van, a homlokpáncélon lévő vonóhoroghoz erősítették, hogy a harckocsizóknak elegendő helyük legyen a szereléshez. A láncfeszítőkerék szintén furcsa szögben áll, valószínűleg az is megsérült.

Soviet tankmen chat with a civilian around a damaged T-34/85. The vehicle has lost the outer half of its foremost road wheel, exposing the hub, though the bright surface of the hub suggests that the crew may have been in the process of changing out the wheel. The track immediately above has been secured to the forward towing hook on the glacis, providing clearance for the crew to work on the wheel. The idler also hangs at an odd angle suggesting damage.

Német katonák pózolnak kutyájukkal egy kiégett T-34/85 tetején. A torony alapján ez a harcjármű a 183. számú gyárban készült. A hiányzó sárvédőnek köszönhetően részben látszik a páncéltekenő és a homlokpáncél átlapolt illesztése. A homlokpáncél alsó és felső lemezének illesztésére hegesztett négyszögeletes kis lemez valószínűleg egy fellépő lehetett, amely hiányzik a túloldalról. Figyeljük meg a felfordított homlokgéppuskát, amelynek tartója 360 fokban elforgatható volt!

German soldiers pose with their dog atop a burned out T-34/85. Judging by the turret, this vehicle appears to come from Factory 183. The missing front fenders reveal the partial overlap between the glacis and the lower hull sides, just below the front of the sponsons. The small rectangular plate welded to the front of the glacis appears to be a crew step, with another missing on the far side. Note the inverted hull machine gun mount. The mount was free to rotate a full 360° in its socket.

Egy, a 112. számú gyárban készült T-34/85 roncsa 1945-ben valahol Németországban egy földút mentén. Két átütő találatot kapott a farpáncélzat felső részén, amelyek közül bármelyik végezhetett a járművel. A lövegpajzs hiánya láthatóvá teszi a ZiSz-Sz-53 harckocsiágyú bekötését. Figyeljük meg a páncélteknő alsó farlemezére hegesztett vonószemet! A háború utolsó időszakában ez már egyre több T-34/85-ön felbukkant, különösen a 112. számú gyár harcjárművein.

A wrecked T-34/85, this one from Factory 112, lays beside a rural road in Germany, 1945. It has taken two penetrating hits to the upper rear hull plate, either of which would have likely destroyed the vehicle. The mantlet is missing, exposing details of the ZIS-S-53 gun mount beneath. Note the central towing eye welded to the lower rear hull plate. This was seen on a number of T-35/85s late in the war, particularly those from Factory 112.

Ismét egy „lapított" toronynal felszerelt, kiégett T-34/85 a 183. számú gyár üzeméből, ugyanazon a helyszínen, mint az előző fényképen szereplő harckocsi. Ezen azonban nem látható találat. A kétfelé nyíló zárófedéllel rendelkező parancsnoki kupolát a későbbiekben egy nagyobb, egy darabból álló zárófedéllel készített kupolára cserélték, amelyen az Mk4 figyelőkészülék a merev részbe volt beépítve. Figyeljük meg a kapaszkodót a páncéltest oldalán, amelyet egybe építettek a külső üzemanyagtartály tartójával!

Another T-34/85, mounting a 'flattened' turret from Factory 183, lays burned out in the same area as the one in the previous photo, though this one bears no visible evidence of a penetration. The commander's cupola with its two-part split hatch was subsequently replaced with a larger cupola featuring a single-piece hatch with the MK4 periscope in the non-opening portion of the cupola's roof. Note the hand rail on the hull side, integrated with the mounting bracket for the external fuel tank.

Amerikai katona pózol egy kiégett T-34/85 előtt Lankwitzban, Berlin déli külvárosában 1945 júliusában. A harckocsin „lapított" torony látható, amely a 183. számú gyár jellegzetessége volt, illetve hat rövid rúd, amelyekre öt tartalék lánctagot lehetett felerősíteni – két vezető-fogas és három vezetőfog nélküli tagot. A pótlánctagokat a vezetőfog nélküli tagokon a jégkapaszkodókarmok felerősítésére szolgáló furatokon keresztül lehetett rögzíteni.

An American soldier poses in front of a burned out T-34/85 in Lankwitz, a southern suburb of Berlin in July 1945. The vehicle mounts the 'flattened' turret characteristic of Factory 183, and also carries six short tapped rods on the glacis, which were used to attach five spare track links; two toothed links and three non-toothed links. Bolts passed through the ice cleat attachment holes in the non-toothed links were used to secure the links in place.

110

Ez a T-34/85 egy romos épület mellett égett ki Berlin Lankwitz negyedében, melyet 1945 júliusában kaptak lencsevégre. A harckocsin a 183. számú gyár által készített „lapított" torony van. Ez a gyár volt a T-34/85 legnagyobb gyártója a háború során, 1945 májusáig 10 253 darab járművet szállított le. Figyeljük meg, hogy a járművön vegyesen alkalmazták a préselt és az öntött gumírozású futógörgőket (maga a gumírozás ugyan a legelső kivételével az összes görgőről leégett)! A homlokpáncél alsó sarkaira fellépőket hegesztettek.

A T-34 sits burned out beside a damaged building in Lankwitz, Berlin in July 1945. This vehicle mounts the 'flattened' turret from Factory 183, which was the largest manufacturer of T-34/85s during the war, delivering 10,253 vehicles by May 1945. Note the combination of cast rubber tired road wheels with earlier pressed wheels, though the rubber has burned away from all but the foremost road wheel on the visible side. Note also the steps welded to the lower corners of the glacis.

A SOROZAT EDDIG MEGJELENT KÖTETEI / AVAILABLE IN THIS SERIES

T-34 ON THE BATTLEFIELD
* WORLD WAR TWO PHOTOBOOK SERIES *

STURMGESCHÜTZ III ON THE BATTLEFIELD
* WORLD WAR TWO PHOTOBOOK SERIES *

PANZERWAFFE ON THE BATTLEFIELD
* WORLD WAR TWO PHOTOBOOK SERIES *

STURMGESCHÜTZ III ON THE BATTLEFIELD 2
* WORLD WAR TWO PHOTOBOOK SERIES *

KV TANKS ON THE BATTLEFIELD
* WORLD WAR TWO PHOTOBOOK SERIES *

PANTHER ON THE BATTLEFIELD
* WORLD WAR TWO PHOTOBOOK SERIES *

TIGER I ON THE BATTLEFIELD
* WORLD WAR TWO PHOTOBOOK SERIES *

STURMGESCHÜTZ III ON THE BATTLEFIELD 3
* WORLD WAR TWO PHOTOBOOK SERIES *

SU-85 AND SU-100 ON THE BATTLEFIELD
* WORLD WAR TWO PHOTOBOOK SERIES *

PANZER IV ON THE BATTLEFIELD
* WORLD WAR TWO PHOTOBOOK SERIES *

PANTHER ON THE BATTLEFIELD 2
* WORLD WAR TWO PHOTOBOOK SERIES *

SU-76 ON THE BATTLEFIELD
* WORLD WAR TWO PHOTOBOOK SERIES *

STURMGESCHÜTZ III ON THE BATTLEFIELD 4
* WORLD WAR TWO PHOTOBOOK SERIES *

PANZER III ON THE BATTLEFIELD
* WORLD WAR TWO PHOTOBOOK SERIES *

PANZERJÄGER ON THE BATTLEFIELD
* WORLD WAR TWO PHOTOBOOK SERIES *

PANZER IV ON THE BATTLEFIELD 2
* WORLD WAR TWO PHOTOBOOK SERIES *

COMING SOON!

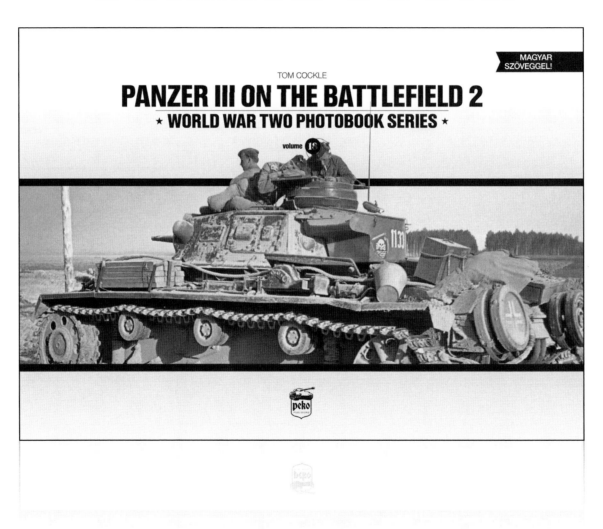

MAGYAR SZÖVEGGEL!

TOM COCKLE

PANZER III ON THE BATTLEFIELD 2
★ WORLD WAR TWO PHOTOBOOK SERIES ★

volume 16